전망: 이재명의 미래는?

전망: 이재명의 미래는?

초판 1쇄 인쇄 2017년 03월 06일
초판 1쇄 발행 2017년 03월 06일
지은이   강 지 호
펴낸이   손 형 국
펴낸곳   해피소드
출판등록 2013. 1. 16(제2013-000004호)
주소   153-786 서울시 금천구 가산디지털 1로 168,
          우림라이온스밸리 B동 B113, 114호
홈페이지 www.book.co.kr
전화번호 (02)2026-5777
팩스   (02)2026-5747

ISBN 978-89-98773-19-9 03340

이 책의 판권은 지은이와 **해피소드**에 있습니다.
내용의 일부와 전부를 무단 전재하거나 복제를 금합니다.

전망: 이재명의 미래는?

강지호 **지음**

들어가며

난세다.
2017년에도 대한민국은 어두운 터널에 갇혀있다.
터널 끝은 아직 보이지 않는다.
터널 끝에 푸른 초원이 있는지 낭떠러지가 있는지 아무도 모른다.
대통령 탄핵 소추안이 국회를 통과됐을 때, 많은 사람들이 탄핵심판은 순조롭게 진행되어 혼란은 곧 수습될 것으로 믿었을 것이다.
헌법을 농단한 무리들은 잘못을 인정하고 반성을 할 것이라고 기대했을 것이다.
하지만 박대통령과 측근 들은 탄핵심판을 지연시키며, 지지자들은 탄핵 반대 집회를 열고 있다. 그들은 탄핵은 기각되어야 한다고 주장한다.
전망가는 도서 〈전망: 탄핵과 대선〉에서 박근혜는 쉽게 포기하지 않을 것이라고 예측했다.
이런 상황에서 조기대선이 과연 가능할까?
탄핵인용이건 탄핵거부건 상당한 혼란이 계속 될 것으로 보인다.
엉망이 되어가는 대한민국을 바로 세우겠다고 정치가들이 조기대선을 예상하고 대통령 출마 선언을 하고 있다.
이재명도 그 중의 한명이다.
여러 정치인 중에서 이재명에 관한 책을 내는 이유는 그가 대통령이 될 가능성이 가장 높아서가 아니다. 소년 노동자 출신인 이재명은 다른 정치인들과 구별되는 특징을 지니고 있다. 변호사 출신인 이재명은 상당히 실용적이고 합리적인 사고를 가진 법치주의자이다. 촛불 민심에 놀란 정치인들이 우왕좌왕하고 눈치를 볼 때 이재명은 촛불의 요구를 잘 이해했고 '대통령 퇴진'을 가장 먼저 두려움 없이 외쳤다.

이 책이 독자들이 이재명의 여러 면을 생각하는 기회가 되었으면 한다. 그의 미래에 관심을 가져주었으면 한다. 어떤 정치인을 선택하느냐에 나와 내 가족, 우리의 삶이 영향을 받기 때문이다.

그리고 한국 사회와 한국정치의 한계와 문제점, 한국인의 문제점, 한국의 미래에도 계속 관심을 가져주었으면 한다.

대한민국이 갇힌 터널은 언제, 어떻게 끝이 날까?

2017년 2월
강지호와 전망가들

차 례

들어가며

1. 이재명은 어떻게 강해졌나?
  촛불집회에서 횃불이 된 이재명 / 11
  이재명과 안철수 / 13
  장점1: 판세에 대한 동물적 감각 / 16
  장점2: 강한 멘탈 / 19
  무기1: 모바일 정치과 명석한 두뇌 / 23
  무기2: 인간적인 매력 / 29
  약점: 과격하다? / 34

2. 이재명의 정치 전략과 전술
  손가락 혁명군 / 44
  정치적 자각과 행보 / 51
  억강부약(抑强扶弱) / 53
  꼬리를 잡아 몸통을 흔들다 / 55
  대중밀착형 정치인 / 59

3. 이재명이 보는 한국 사회의 문제점과 해결방법
  재벌개혁의 방향 / 69

4. 이재명의 경쟁자들
　　이재명과 안철수　/　76
　　이재명과 안희정　/　84

5. 이재명이 민주당 경선에서 승리하려면
　　문재인의 문제점　/　92
　　새로운 경선 분위기　/　94

6. 이재명의 선거 공약
　　이재명의 일자리 공약　/　101
　　기본소득　/　104

7. 이재명의 미래

　　나가며　/　114

부록: 인간 이재명이 살아온 길

1장. 이재명은 어떻게 강해졌나?

이재명. 흥미로운 정치인이다.

이재명은 1년 전만해도 중앙정치 무대에서는 존재감이 별로 없던 기초자치단체인 성남 시장이었다. 2015년 한국갤럽 여론조사의 대선 주자 후보군에 처음 이름을 올렸을 당시 지지율은 1%였다
2016년 10월 촛불집회 이후 이재명의 지지율이 가파르게 상승했다. 12월에는 20.5%까지 올라 서울에서는 1위까지 올라간 적도 있었다. 이재명은 민주당 경선 후보로 뛰어들었다.

이재명이 빠른 시일에 영향력 있는 정치인으로 성장할 수 있었던 요인은 무엇일까?
그리고 민주당 경선과 대통령 선거를 거치면서 그의 미래는 어떻게 될까?
이재명이 유력 정치인으로 인정받은 요인을 분석해보면 정치인 이재명뿐만 아니라 한국 정치와 한국 사회를 이해할 수 있다.
12세 부터 공장에서 일하다 유력 대선 후보로 성장한 그의 성장 스토리는 흥미진진하면서도 감동적인 휴먼 스토리다.

촛불집회에서 햇불이 된 이재명

성남시장인 이재명은 과감한 복지정책과 중앙정부와 대립되는 행정으로 조금씩 알려져 왔다.

2016년 6월 중앙정부의 지방재정 개편 안에 맞서 광화문 광장에서 열흘간 단식 농성을 하면서 지방자치제 지킴이로 조금씩 세상에 알려졌다.

그러던 차에 이재명은 2016년 10월부터 시작된 '박대통령 탄핵을 위한 촛불집회'에서 화려한 햇불이 되어 존재감을 드러냈다. 그가 10월 29일 청계 광장에서 외친 감동적인 연설은 많은 사람들의 마음을 움직였다.

"대한민국은 민주공화국입니다. 국민이 나라의 주인이고 모든 권력은 국민으로부터 나오고, 대통령은 나라의 지배자가 아니라 국민을 대표해서 국민을 위해 일하는 머슴이요 대리일 뿐입니다,' 말하고 이어서 "박근혜는 이미 대통령이 아닙니다. 즉각 형식적 권력을 버리고 하야해야 합니다. 사퇴해야 합니다! 라면서 대통령 사퇴를 언급했다.

연설 끝에 이재명은 "민주공화국을 위하여 우리가 싸워야 합니다. 공평한 기회가 보장되는 평등한 나라를 위하여, 공정한 경쟁이 보장되는 진정한 자유로운 나라를 위하여 (중략) 우리가 싸우면, 우리가 힘을 합치면, 우리가 이길 수 있습니다. 새로운 질서, 새로운 역사 만들 수 있습니다. (중략) 함께 싸웁시다. 여러분!"

　　이 연설에 광장에 모인 수만 명의 시민들이 환호했다.

　　많은 정치인들이 우왕좌왕하면서 눈치를 볼 때 이재명은 '대통령 퇴진'을 가장 먼저 용기 있게 소리쳤다. 그리고 대통령 탄핵을 이끌어냈다.

　　개인 미디어 〈미디어 몽구〉가 기록한 이재명 연설 장면 동영상은 SNS를 통해 삽시간에 수많은 사람들에게 전해졌다. Youtube에 업로드 된 미디어 몽구의 동영상에서 그날의 열기를 확인할 수 있다.

이재명과 안철수

이재명의 부상은 안철수와 많은 점이 비교된다.

탄핵정국에서 안철수는 박 대통령 퇴진과 탄핵을 촉구하는 거리서명 운동을 주도하면서 '강철수'란 이미지를 보이려 애썼다. 하지만 이재명이 일으킨 촛불파도에 비하면 존재감이 미약했다.

이재명과 안철수의 차이는 무엇일까.

이재명에겐 있고 안철수에게 없는 것은 무엇일까?

이재명은 민심을 읽는 동물적인 감각을 가지고 있다.

민심과 정세를 읽는 감각은 타고난 재능이기도 하다. 그렇지만 그 감각은 인간과 사회에 대한 이해, 정치 사회문제에 대한 끊임없는 관심과 분석, 그리고 몸으로 익힌 체화된 경험에서 싹트고 자라면서 단련된다.

안철수는 의사인 아버지 집에서 어려움 없이 공부했고 학교 공부를 열심히 해서 서울대 의대를 갔다. 의대를 졸업한 후에는 컴퓨터 바이러스를 연구하고 기업을 운영하다 2012년 7월에 정치에 참여하였다.

반면에 이재명은 초등학교를 졸업한 후 만 12세부터 공장에서 일을 했다. 프레스에 팔을 끼어 장애인이 된 후 목숨을 걸고 공부해서 장학금을 받고 중앙대에 입학했다. 대학을 졸업하던 해에 사법시험에 합격하고, 검사 대신에 인권변호사를 선택한다. 27세부터 인권 변호사로 활동하면서 한국 사회의 부패와 불공정을 개혁하기 위해 싸워왔다.

　이렇게 두 사람은 청소년 시절부터 다른 길을 걸어왔다.
　이재명에게는 온갖 어려움을 긍정적으로 극복한 사람이 가지고 있는 특유의 날카로움과 달관한 여유로움과 느껴진다.
　반면에 안철수는 온실에서 자란 모범생 티를 벗어나지 못하고 있다. 안철수도 정치와 사회문제에 대해 발언을 한다. 하지만 몸에 체화된 경험이 아니라 책이나 다른 사람을 통해 이해하고 발언하는 티가 난다.

　이재명은 명확하게 메시지를 전달한다. 그리고 결단력과 추진력이 강하다. 이런 능력은 이재명과 안철수의 차이점 중의 하나이다.
　민주당 금태섭 의원은 진심캠프와 새 정치 연합에서 대변인 업무를 수행하면서 가까운 거리에서 안철수를 도운 사람이다. 금태섭 의원은 〈이기는 야당을 갖고 싶다〉라는 책에서 공적 시스템보다는 비선 조직에 의존하는 안철수의 의사결정의 문제점, 결단을 내리지 못하는 마음자세, 부족한 소통능력을 자세히 기록했다.
　안 철수는 2012년 대통령 후보로 나서면서 정치를 시작했다. 안철수는 의대나 컴퓨터와 같은 이과계통에 관한 경험과 지능은 뛰어나지만 정치가 속하는 인문사회 분야의 경험과 이해는 여전히 부족한 걸로 보인다.

 정치판에서 그동안 꽤 많은 우여곡절을 겪으면서 안철수 자신도 자신의 문제점을 인식하고 개선하려고 노력을 하고 있다. 하지만 안철수의 문제점은 타고난 것이 많고 몸에 박힌 습성이 많아 쉽게 고쳐지지 않는다는 문제점이 잇다.

 이재명의 타고난 정치 감각은 많은 정치계 인사가 인정하고 있다.
 박지원 국민의 당 대표는 기자들과의 오찬 간담회에서 '시대정신'이라고까지 말하긴 그렇지만 이 시장이 '시대감각'을 읽어낸다고 했다.
 김종인 의원도 각종 자리에서 "이시장이 민심을 빨리 읽는다," 너 이재명의 정치적 간가을 호평하고 있다

장점: 판세에 대한 동물적 감각

　이재명은 기회포착이 뛰어나다. 2016년 12월 국회의 탄핵소추안 가결은 정치권을 압박한 촛불집회 민심의 결과였다. 당시 박근혜와 최순실의 비리가 속속 밝혀지고 있었지만 정치권은 어떻게 대처해야 하는지 갈피를 못 잡았다.
　정치인들이 우왕좌왕 하는 동안에 이재명이 처음으로 박대통령의 퇴진을 주장했다. 이 주장으로 이재명은 과격하다, 무책임하다는 비난도 받았다. 하지만 민심은 이재명의 주장에 호응했다. 촛불집회마다 광장에 모인 사람들은 한 목소리로 '퇴진'을 외치기 시작했다.

　정치권이 박대통령의 자진 사퇴와 거국 중립내각을 논의할 때 이재명은 다르게 생각했다. 이재명은 아무리 시민이 퇴진을 외쳐도 박근혜는 절대 순순히 물러나지 않을 인물이라고 단언했다. 헌법에 규정된 대로 국회에서 탄핵을 빨리 진행해야 한다고 주장했다.
　처음에는 이재명의 주장에 공감하는 사람들이 적었다. 하지만 시간이 갈수록 그의 주장이 맞다고 사람들은 생각했다. 결국 국회는 탄핵 소추안을 통과시키고 박대통령의 권한은 정지되었다.

촛불집회가 거듭되면서 민심은 격앙되었고 정치권은 우왕좌왕 흔들렸다. 그때마다 광장의 민심이 정치의 방향을 잡았다. 이재명은 광장 민심의 방향을 선도한 유일한 정치인이었다.

박근혜-최순실 비리를 알게 된 한국인들은 오물을 뒤집어 쓴 느낌이라고 한다. '이게 나라냐' 라는 자괴감에 빠졌다.
촛불집회는 이런 한국인들은 정화시키는 역할을 했다. 촛불집회를 거치면서 사람들의 마음은 '과거를 청소하고 국가를 개조하자. 대통령 하야를 넘어서 과거를 대청소하자. 진정한 민주공화국을 만들어 보자' 로 모아졌다.
광장에 모인 사람들은 이재명이 촛불민심의 요구를 가장 잘 실현할 수 있는 사람이라고 인정했고 그래서 그를 지지했다.
살아 움직이는 정세를 동물적인 감각으로 파악하고 군중을 바람직한 방향으로 유도할 줄 아는 정치인과 그런 정치인을 알아본 시민이 만난 것이다.

이재명은 순발력이 좋다. 시대의 흐름인 거시적인 트랜드도 잘 파악하고 미시적으로 대중이 원하는 것도 빨리 파악해서 명확한 메시지를 던진다.
이재명은 어느 당을 선택할 것인가 눈치를 보는 반기문을 겨냥해 다음과 같이 쏘아붙였다.
"센 쪽에 붙고 어디가 양지인가 찾고 그런 분이 뭘 하겠냐"며 "정치를 해서는 안 될 사람"이라고 비판했다. 그리고 "대통령이 양지를 찾아다니면 국민들은 음지에서 고생한다. 그래서 박근혜 사태가 벌어지게 된 것"이라고 주장했다. 반기문의 중도하차를 예언했고, 반기문은 정치에서 물러났다.

현재 한국에서 이재명만큼 촌철살인 메시지를 창출해내는 능력을 가지고 있는 정치인은 드물다.

장점2: 강한 멘탈

    이재명의 어린 시절은 가난했다. 초등학교를 졸업하고 성남에 오자마자 공장으로 출근해야 했다. 출근하면 관리자에게 야구 방망이로 엉덩이를 맞았고 퇴근할 때도 맞았다.
    공장에서 일하다 프레스에 팔이 끼어 6급 장애자가 됐다. 화학 약품이 가득 찬 방에서 공부를 하다 후각을 50% 이상 잃었다.
    힘든 삶을 살면서도 타인과 사회를 미워하는 마음 대신에 삶을 사랑하고 삶에 대한 긍정적인 마음을 유지하는 사람은 보통 강한 멘탈을 가지게 된다.
    전망가가 이재명의 마음속까지 들여다 볼 수 없지만, 적어도 겉으로 봐서는 이재명은 한국사회의 체제나 가진 자에 대한 증오심은 없는 것 같다.
    강한 멘탈 덕분에 이재명은 수구세력이나 수구 미디어의 종북몰이에도 겁을 먹지 않는다. 한국의 정치인은 종북으로 낙인찍히는 걸 두려워한다. 수구 미디어가 종북 낙인을 위협하면 대부분 움츠려든다.
    이재명은 종북 몰이를 무서워하지 않고 정면으로 돌파한다. 그는 자신을 종북으로 공격하는 상대는 가차 없이 소송으로 법적

조치를 취한다. 덕분에 그에 대한 근거 없는 음해성 공격은 많이 사라졌다.

이재명은 부당한 공격은 정면으로 맞서야 상대가 두려워하며 중단한다고 말한다. 종북 몰이를 두려워하고 피하려들면 상대는 더욱더 종북 공격을 가한다고 믿는다.

이재명은 미디어 기업과의 싸움도 두려워하지 않는다.

미디어가 깡패 짓을 해도 미디어와는 싸우지 않고 되도록 좋은 관계를 유지하려는 일반 한국 정치인과는 다르다.

이재명은 종합편성채널〈티브이조선〉이 자신이 셋째형을 정신병원에 강제 입원시켰다고 사실을 왜곡 보도했다고 주장했다. 실제로는 셋째 형을 병원에 입원시킨 것은 그 가족이었다고 한다. 이재명은〈티브이조선〉을 "민주사회의 독극물 같은 존재"라고 주장하고 "반드시 폐간에 이르도록 조처하겠다고 말했다.

이재명은 자신에겐 반골기질, 깡다구, 전투본능이 있다고 말한다. 그는 용기와 두려움에 대해 다음과 같이 말한다. "정치인이 강자에 영합하는 이유는 용기가 부족하기 때문이다. 정치는 억강부약이다. 강자, 기득권의 저항을 깨려면 용기가 필요하다."

(억강부약(抑强扶弱), 강한 자를 억누르고 약한 자를 도와준다는 뜻).

이 시장은 우리 사회는 두려움에 만연해있다고 지적한다.

평등을 이야기하면 공산주의자로 몰리지 않을까, 빨갱이로 몰리지 않을까 라는 두려움이 있다고 주장한다.

부당한 일에 맞서면 나만 불이익을 받지 않고 죽지 않을까, 나 혼자만 싸우는 거 아닐까 하는 외로움에 대한 두려움, 고립에 대한 두려움이 있다고 한다.

이재명은 모든 두려움은 자기 자신에 대한 두려움에서 비롯된 것이고, 두려움과의 싸움은 바로 자기 자신과의 싸움이라고 믿는다.

자신을 지지하는 모임인 '손가락 혁명군' 발대식에서 이재명은 다음과 같이 말했다.

" 제가 먼저 두려움을 뚫고 혁명적 변화, 국민혁명의 폭풍 속으로 뛰어들겠습니다.

만약, 그 가는 길에 내가 쓰러지더라도 함께 뛰는 우리 동지들이 그 자리를 메우고,

또 메우면서 끝까지 싸워 이길 것을 믿고 뛰어 가겠습니다.

여러분! 두려움을 깨고, 국민이 주인인 나라를 믿으면서 우리가 함께 새로운 나라,

과거가 청산된 공정한 나라, 인권과 생명이 보장되는 통일조국, 그 위대한 대한민국을 위해 함께 뛰어나갑시다. 여러분. (중략)

그들은 소수이고, 우리는 다수이기 때문에, 우리가 단결해서 하나의 목소리를 내면, 이길 수 있습니다."

멘탈이 강하다는 것은 '독종'이라는 뜻이기도 하다. 이재명은 독한 마음으로 셋째 형과 의절했다. 이재명의 주장에 따르면 셋째 형이 시장의 형이라는 가족관계를 내세워 성남시 공무원들에게 부당하게 접근했고 이를 제지하다 형과의 관계가 나빠졌다고 한다.

대학생일 때 이재명은 장학금 일부를 셋째형에게 보냈다. 그 돈으로 셋째 형은 공부를 해서 공인회계사가 될 수 있었다.

이재명은 공직자는 가족을 포함한 주위를 잔인할 정도로 깨끗하게 관리하지 않으면 친인척비리를 끊을 수 없다고 주장한다.

노무현과 이명박 대통령은 형님 때문에, 김대중 대통령은 아들 때문에 비리 파문에 휩싸였다.

한국의 부정부패는 힘을 가진 사람들이 공적권한을 이용하여 사적 이익을 취하는 데서 발생한다. 권력자와 혈연, 지연, 학연 등의 관계를 가진 사람들은 권력자 행세를 하거나 권력자의 권한을 나눠 가지려는 습성이 있다.

한국에서 대통령의 친인척 및 관계자의 비리를 막으려면 대통령이 될 사람은 '의절'을 각오하고 가족이나 친인척을 감옥을 보낼 각오가 되어 있어야 할 것 같다.

무게: 모바일 정치과 명석한 두뇌

모바일이 정치를 변화시키고 있다. 이재명은 모바일 정치에 능하다. SNS(Social Network Service) 초창기부터 적극 활용했다. SNS는 이재명의 강력한 무기이고 'SNS 대통령'이라는 소리를 들을 정도로 트위터, 페이스북, 유튜브 블로그 등을 잘 활용한다.

인터넷과 모바일에 익숙한 젊은 유권자들에게 이재명은 자신들과 같은 물에서 노는 정치인으로 다가온다. 만일 소셜 네트워크 서비스(SNS)가 없었다면 이재명은 오늘날 유력 대선 후보가 되지 못했을 것이다.

여의도에서 멀리 떨어진 성남시라는 경기도 기초자치단체장인 이재명에게 SNS는 가장 합리적이고 강력한 무기이다. 그는 조직이 아니라 네트워크 영역을 넓히는데 주력했다. 이재명은 자신이 잘 아는 영역, 자신의 운동장에 사람들을 끌어들이고 소통하고 있다.

한국 정치에서는 오랫동안 오프라인에서 동원하는 사람의 숫자가 중요했다. 즉 동원력이 중요했다. 지금도 여전히 사람 머리 숫자가 주요 지표가 되고 있다. 미디어들은 촛불집회에 몇 명이 모였나, 탄핵 반대 모임에 몇 명이 모였는가에 관심을 갖는다.

이재명 지지자 모임의 이름은 '손가락 혁명군'이다. SNS에 친밀한 이재명과 그 지지자들의 특성을 잘 보여준다. 이재명은 소셜 네트워크라는 가상공간에 지지자를 성공적으로 끌어 모았다. 오프라인에서 지지자를 동원하는 것보다 훨씬 신속하면서도 적은 비용으로 최대의 효과를 거두고 있다.

SNS의 잠재력을 파악한 이재명은 다른 대선후보들이 팟캐스트 출연을 꺼릴 때 적극적으로 출연했다. 지지율이 1%에도 안 되었을 때 김어준의 '파파이스'는 이재명을 출연시켜 존재감을 세상에 알렸다. 파파이스 사회자인 김어준은 이재명을 가리켜 '헛발질을 안 하는 사람'이라고 평했다.
파파이스 출연 이후 다른 SNS에도 출연요청이 쇄도했고 지지율도 오르기 시작했다.
이재명은 2016년 11월에 〈장윤선·박정호의 팟짱〉(오마이뉴스 팟캐스트)에 출연해서 다음과 같이 말했다.

장윤선 : 작은 언론 무시하지 마세요. 요즘 (작은 언론이) 큰 언론으로 바뀌고 있습니다. '팟캐스트가 만든 대선 후보 이재명 시장' 아닙니까?

이재명: 맞습니다. 주류 언론은 저를 언급해주지 않는데 실핏줄처럼 연결돼 있는 이 네트워크들이 지금의 대세예요. 국민이 기자 아닙니까? 모든 국민이 기자고, 모든 개인이 언론사고. 개미들의 엄청난 힘을 주류 보수 언론들이 이기기 힘든 걸 이번 미국 선거에서도 증명했죠.

이재명은 모든 개인이 언론매체인 SNS 시대의 특성을 잘 파악하고 있었다.

SNS에서는 명확한 메시지가 중요하다. 이재명이 직접 창출한 메시지는 사람들로부터 뜨거운 반응을 일으킨다. 이재명은 사회적 아젠다, 사회적 화두를 만들어 내는 메시지를 창출해낸다. 명확한 메시지를 창출하고 전달하는 능력이 뛰어나다. 메시지의 창출과 전달 뿐만 아니라 메시지에 대한 네티즌들의 반응도 열심히 듣는다.

SBS 라디오 박진호의 시사전망대에서 이재명은 다음과 같이 말했다.
"통상적으로, 정치집단의 수준은 국민들의 집단지성보다 훨씬 낮습니다.
저는 어떤 중요한 사안에 대한 판단을 할 때, 국민들의 집단지성을 제일 먼저 들여다보려고 합니다. 카페나 게시판, 트위터, 페이스북, 카카오스토리 이런 데에 있는 답글을 빨리 훑어봅니다. 그러면 많은 사람들의 얘기를 들을 수 있거든요. 그 안에 정말 번뜩이는 아이디어, 아니면 전망, 이런 것을 볼 수 있어요.

제가 다른 정치인들보다도 반 발자국씩 빠른 템포가 있지 않습니까?

국민들은 그런 것 때문에 환호하는데, 저는 그것을 국민들 속에서 찾아내거든요."

명확한 메시지를 창출하는 것은 문제를 정확히 파악하고 있기 때문이다.

파악한 문제를 간결하면서도 힘 있는 메시지로 정리해서 발표하는 능력은 두뇌가 명석하기 때문이다.

미디어들은 이재명이 '사이다' 발언을 쏟아 낸다고 한다. '사이다'라는 말에는 두 가지 의미가 있다. 먼저 사이다가 상징하는 '시원하다'는 의미는 국민들이 원하는 바를 시원하게 표현해준다는 뜻이다.

두 번째는 사이다에 있는 '거품'을 강조하려는 의도다.

사이다의 거품을 언급하는 사람은 이재명의 메시지가 단순히 대중의 인기에 영합하기 위해 급조된 메시지라고 말하고 싶고 인기가 꺼질 것으로 희망하는 것이다.

이렇게 생각하는 사람들은 이재명의 능력을 과소평가한 것이다.

이재명은 몸으로 익힌 생생한 체험과 탄탄한 지식으로 메시지를 창출하고 전달하는 것이다. 이재명의 사이다 발언은 쉽게 사라질 일시적인 현상이 아니다.

이재명의 명석한 두뇌와 깔끔한 말솜씨는 토론에서 빛을 발휘한다. 토론에 강한 이유는 체화된 경험과 지식이 있기 때문이다. 경쟁자와 토론 프로그램을 많이 할수록 합리적인 유권자는 이재명의 진가를 알아볼 것이고 지지율은 한 단계 상승할 것이다. 민주당 경선에서 후보자들의 토론이 진행될수록 이재명의 지지율은 상승할 것으로 예측된다.

이재명의 명확한 메시지 창출능력은 대중 연설에서도 효과를 발휘한다.
이재명은 10월 29일 청계광장연설에서 수 만 명의 대중을 열광시켰다.
그는 연설에 '우리가 힘도 없고 능력도 없지만 가오가 없는 것은 아닙니다. 라고 유명 영화의 대사를 인용했다. 이어서 '대통령은 노동자가 아니기 때문에 해고할 수 있습니다. 대리인입니다' 라고 위트 있는 유머도 던졌다.
대중연설의 강약, 리듬을 조절할 줄 아는 것이다. 이러한 능력은 문재인, 안철수, 유승민 등 다른 대선 후보들에게는 찾기 힘든 능력이다.

민주당 경선 선거운동을 하면서 이재명은 '페이스북 생중계'에 공을 들이고 있다.
상업 미디어들이 상대적으로 소홀히 다루는 이재명에게 페이스북 생중계는 공중파 방송만큼 효과를 주고 있다.

지지자들은 실시간으로 SNS 생중계를 통해 들어오는 국립 광주 518 묘지 참배, 봉하마을 방문 장면 등을 확인하고 댓글로 의사표시를 한다.

SNS 조직이나 지지자만 가지고는 민주당 경선이나 대선을 이길 수 없다. 이재명은 SNS 지지자를 민주당 경선의 선거인으로 참여시켜야 한다. 그리고 합리적인 정책 공약을 개발하는 자문단과 오프라인 활동을 지원하는 참모조직을 보강해야 한다.

이재명에게 지지율이 빨리 상승한 건 고무적인 현상이지만 탄핵 정국에서 대선정국으로 숨 가쁘게 전환되어 충분한 준비기간 없이 대선후보가 된 건 이재명에게 아쉬운 대목이다.

이재명 특유의 돌파력과 명석한 두뇌로 어떻게 대처할지 기대된다.

근거2: 인간적인 매력

전여옥씨는 이재명을 가리켜 사람에 대한 깊은 이해가 있는 것 같다고 말했다.

심리학 박사 황상민은 이재명을 기대를 갖게 하는 사람이라고 말했다.

소년 노동자 출신인 이재명은 인권 변호사를 거쳐 시장이 됐다. 자신만의 스토리가 있는 정치인이다.

이재명은 소년 노동자로 힘든 삶을 살았으면서도 삶을 사랑하고 긍정적인 마음을 유지하였다. 어렵고 힘들 때 진정으로 도와주는 사람이 있었기 때문이다.

이재명에게 돈이 없어 학원을 그만둬야 할 절박할 순간이 있었다. 희망이 무너질 수 있는 순간이었다. 그때 '넌 특별한 놈이야' 하며 김창구 원장이 무료로 학원을 다니게 해줬다. 이재명에게 삶에 대한 사랑을 일깨워주고 이재명을 밝은 세상에 붙들어 준 은인이었다.

검정고시를 준비하는 가난한 청년들을 여러 방법으로 도와준 김 선생님이 바로 이재명이 어려운 사람을 위해 봉사하려고 마음먹는 정신의 뿌리라고 전망가는 믿는다.

이재명은 증오심이나 적개심이 아닌 밝은 마음과 사명감으로 한국사회의 잘못된 적폐를 개혁하려 한다.

이재명은 어려운 사람의 애환을 가슴으로 이해하고 어려운 사람을 위해 싸우는 성공한 사람이다.

이재명은 다음과 같이 말한다.

"정치인은 친근한 이웃, 우리가 월급 주고 고용하는 사람, 시민의 대리인, 시민의 머슴, 시민 중 1인이 되어야 한다. 그래야 실질적 민주주의가 가능하고 시민 자치가 작동할 수 있다.

무엇보다 소통을 위해서다. 소통의 핵심은 사람들이 편하게 말할 수 있는 기회를 주는 것이다. 딱딱하고 권위적이며, 무거운 표정으로 어쩌다 한 마디 툭툭 던지는 근엄한 분위기에서 원활한 소통은 불가능하다."

이재명은 대중과의 친화력과 소통능력이 뛰어나다. 집에서 시청까지 걸어서 출퇴근하면서 시민들을 만나 대화를 나누고 민원을 들었다. 제시된 민원은 빠른 속도로 처리되었다.

이재명은 자기광고에 능숙하다. 기회가 되면 자기 자랑을 늘어놓는다.

'왼손이 하는 걸 마구 자랑해야 오른 손이 따라한다'고 말한다. 열심히 자기 자랑하는 모습이 밉지 않다. 근거 없이 자기 자랑을 늘어놓는 것이 아니라 나름 근거가 있기 때문이다. 이재명이 자기 자랑하는 모습을 보면 은근히 귀엽기 까지 한다.

전망가는 반골기질에 싸움 본능이 강해 스스로도 못된 성격이라고 자평하는 이재명이 대중과 친화력이 있다는 사실을 흥미롭게 생각한다.

이시장은 집회에서 어떤 중년 여성이 이제 세월호 상징리본은 지겹다고 그만 떼라고 하자 '당신 자식이 죽었다면 그러겠냐'고 버럭 고함을 지른 적이 있다. 연설 중에 반대되는 이야기를 하는 사람에겐 상당히 날카로운 반응을 보이면서 반박한다.

전망가는 이런 태도를 보면서 이재명은 대중이나 자기편에겐 친절하지만 자신을 공격하거나 자신의 반대편에 있는 사람에겐 까칠한 반응을 보이는 성격이라고 판단한다.

특히 허위사실 등으로 자신을 공격하면, 개인이나 미디어 기업을 가리지 않고 법적인 대응을 해서 철저하게 책임을 묻는다.

2016년 서울 고등 법원은 이재명 시장이 변희재씨를 상대로 낸 손해배상 청구 소송에서, 변희재가 400만원을 배상하라는 판결을 내렸다.

변희재는 2013년에 총 13차례에 걸쳐 자신의 소셜미디어에 이재명 시장을 '종북' 인사로 지칭하는 글을 게재했다.

이재명은 대의민주제에서 허위사실 유포는 부정부패보다 나쁘다고 믿는다. 이런 이재명을 보고 어떤 시민은 '옳고 그름을 잘 판단할 사람이고 그걸 명확히 표현하는 사람' 이라고 말했다. 이재명 스스로도 좋고 싫음을 굳이 감추려 하지 않는다.

이렇게 싸움닭으로 활동하면서도 이재명은 유머가 있다. 연설

도중에 청중을 웃기기도 한다. 애교도 있다.

이재명은 '한수진의 SBS 전망대'에서 다음과 같이 말했다.
" 우리나라 정치가 일반적으로 그런데 소위 여의도를 중심으로 한 상층하고 국민 속, 예를 들어 야권 지지자의 기층 바닥의 정서들이 사실 상당히 괴리돼 있어요. 그런데 저는 여의도 쪽보다는 현장에 있고 또 그 중에서도 기층의 당원들이라든지 야권 지지자들이라든지 세상의 변화를 바라는 사람들과 직접적 소통을 많이 하니까, 저는 식물로 치면 뿌리에 가까운 사람이고 여의도는 일종의 열매, 꽃에 가까운 존재입니다"

이렇게 뿌리 쪽과 직접 접촉하는 정치인에 대한 정확한 지지율은 기존의 여론조사로서는 잘 파악되지 않는다. 특히 민주당 경선에서는 더욱 그렇다. 기존의 여론 조사들은 일반시민이나 기껏해야 민주당 지지자들에 대한 여론 조사다. 실제 민주당 경선에 참여하는 사람이나 민주당원에게 물은 여론조사는 아직 나타나지 않았다.

전망가가 판단하기로는 일반인을 대상으로 하는 여론조사와 민주당원의 여론조사는 상당한 차이가 있을 것으로 전망한다.

정치인은 대중성이 있어야 표를 모을 수 있다. 이재명은 명확한 메시지와 뚜렷한 정치적 입장, 뛰어난 대중소통 능력으로 진군하고 있다.

두뇌가 명석한 이재명이지만 치밀한 계획을 세우고 진행시키는 스타일은 아니라고 한다. 미리 정해놓고 하는 건 없다고 한다. '미리 정하면 스텝이 꼬인다.'고 말한다. 달리 말하면 자신의 동물적 감각을 믿는다는 뜻이다.

이재명은 '최선을 다하면 넓은 도로에서 길이 보인다.'는 자세로 살아가고 있다고 말한다.

약점: 과격하다?

경쟁자와 수구 미디어는 이재명의 약점을 지적한다. 보통 급진적이다, 과격하다, 가볍다, 튀려고 너무 애쓴다는 지적을 많이 받는다.

우선 '가볍다' 라는 지적에 대해 이재명은 다음과 같이 변명한다. 지지율 1%로 존재가 미미했던 정치인이 주목을 받으려면 어쩔 수 없이 튀는 행동을 했어야 했다고.

지지율이 5%를 넘어 체급이 다른 정치인이 되면 행동이 바뀌고 10% 넘으면 더욱 바뀔 것이라고 했다.

지지율이 10%를 넘어 안철수를 앞서자 실제로 이재명의 발언과 행동은 신중해졌다. 예전의 '튀려는 가벼운' 모습은 거의 사라졌다.

민주당 대선 경선 후보 참여를 선언한 날 이재명은 현충원과 국립 광주 국민 5.18 민주묘지를 참배했다. 5.18 민주 묘지에서 무릎을 꿇고 눈물을 흘리며 결연하게 말했다.

"광주 518 민주화 운동은 이재명을 사회 운동으로 일생을 보내도록 바꾸어준 사회적 어머니입니다."

이재명에겐 과격하고 급진적이라는 이미지가 씌어져 있다.
수구미디어가 이재명과 대중 사이를 갈라놓으려고 생산해내는 이미지다.
한국의 수구 미디어들은 개혁적인 정치인을 길들여 날카로운 예봉을 마모시키려 든다.
대선 후보 중 가장 선명한 깃발을 내세운 이재명이 수구 미디어의 순화대상이 된 것이다.

자신의 과격하다는 이미지에 대해 이재명은 다음과 같이 설명한다. 한국이 너무 오랫동안 비정상적인 상황에 익숙하다보니 정상적인 요구마저도 과격하게 생각한다고 말한다. 자신은 과격한 게 아니고 비정상인 사회를 정상으로 돌려놓으려고 하는 것뿐이라고 말한다.

박근혜는 청와대를 나오는 즉시 수갑을 채워 체포해서 감옥에 보내야 한다고 이재명은 주장한다. 수구 미디어는 이재명의 이런 발언을 과격하다고 몰아세운다.

촛불집회가 한창일 때 문재인은 박대통령이 자진사퇴를 하면 명예로운 퇴진을 보장해주겠다고 언급했다. 이 발언으로 문씨는 '네가 무슨 권리로 명예로운 퇴진을 보장한다고 약속하느냐'는 호된 비판을 받았다. 반면에 이재명은 일관되게 박근혜에 대한 엄중한 사법처리가 있어야 한다고 요구했다.

이재명은 친일세력, 독재 세력, 부패세력, 광주민주화 운동 학살 세력 등이 정치적 타협으로 제대로 처벌되지 않는 바람에 한국은 기본적 정의가 사라진 사회가 되어 버렸다고 진단한다. 이재명은 법 앞에서는 대통령이든 노동자이든 누구나 평등하고 대통령이라도 죄를 지면 당연히 감옥에 가는 거라는 것을 보여줘야 한다고 주장한다.

법치주의의 근간은 법 앞에서는 만인이 평등하다는 원칙이다.
한국 사회는 권력자는 평범한 시민과 달리 정치적 타협으로 처리해야 한다는 풍조가 만연되어 있다. 겉으로는 민주사회인 것 같지만 한국 사회는 여전히 봉건 계급적인 왕조시대 사고에 젖어 있는 것이다.

이재명은 변호사이다. 박근혜의 퇴진을 요구하는 촛불집회에서도 그는 헌법에 명시된 절차 즉 탄핵을 따르면 된다고 말했다. 이재명은 모든 개혁과 혁명을 법의 테두리 안에서 추진할 법치주의자이다.

〈확장성의 함정〉

이재명은 과격한 발언 때문에 지지층을 확장하기가 어려워 곧 지지율이 정체되고 곧 하락할 것이라고 예상이 돌아다닌다. 수구미디어들은 의도적으로 이재명의 발언이나 동향 보도를 축소하거나 외면한다.

한국의 정치 지형은 대략 보수층 30%, 진보층 30%, 부동층 40%로 나눠져 있었다. 예전에는 부동층은 온건 합리적 보수에 가까운 계층이었다. 최순실-박근혜 게이트가 밝혀지면서 최근 들어 보수층이 축소되고 진보 이념을 수용하는 사람들이 는 것으로 보인다. 하지만 대선 레이스가 본격화되면 중도층은 결국 보수와 진보층으로 수렴될 것으로 예상된다.

한국 대통령 선거에서는 중간지대에 있는 중도층을 누가 확보하느냐에 승패가 결정난다고 한다. 진보진영 후보자가 대통령이 되려면 중도층을 흡수하는 확장성이 있어야 한다는 것이 그동안의 정설이었다.

확장성 주장에 대해 이재명은 다음과 같이 지적한다.
"정치는 지지자를 조직하는 것이다. 상대 진영 유권자를 끌어오려고 성향을 자꾸 바꾸면 종전 지지자에게서 의심을 받는다. 실력을 보여줘서 상대 진영의 지지자를 확보해야 한다."
이재명이 이렇게 주장하는 이유는 성남시 행정 경험에서 보수유권자들을 지지층으로 만든 실전 경험이 있기 때문이다. 이재명은 중앙일보 2016년 12.20일 인터뷰에서 다음과 같이 말했다.
"나는 성남시에 사는 6·25 참전용사 등 국가유공자 1만 명에 연간 60만원씩 지원한다. 독립유공자 7명에게도 매달 40만원씩 드린다. 그래서 야당을 싫어하는 성남의 보훈단체들이 나를 지지한다. 이렇게 안보를 최우선하는 점에서 나는 보수우파다. 새누리당 같은 가짜 보수들은 말로만 안보를 떠들며 나라 위해 희생한 이들을 거들떠보지도 않는다."

국가공동체의 중요성을 강조하기도 했다.

"성남시에서 일제와 싸운 남상목 의병장 유해가 발견됐다. 유족들이 30년 넘게 기념비 설립을 간청했지만 아무도 들어주지 않다가 내가 시장이 되고서야 비가 세워졌다. 진보진영 일각은 이런 나를 보고 '국가를 중시하는 전체주의자' 냄새가 난다고 비난한다. 요즘 시대엔 국가공동체의 중요성을 강조하는 게 맞다."

이재명은 상대 진영의 유권자를 자기편으로 만드는 것이 정치라고 강조한다.

이념을 수정해 유권자에게 다가가는 것이 아니라 실질적인 혜택을 줌으로써 유권자를 만족시키고 지지자로 만드는 전략을 구사해야 한다고 주장한다. 이런 방법으로 이재명은 한국에서 가장 보수적인 지역 중 하나인 성남 분당구에서도 높은 지지율을 얻었다. 이재명은 유권자들은 이제 진보냐, 보수냐 보다는 능력있고 신뢰할 수 있는 사람인가를 중요하게 본다고 주장한다.

수구 미디어가 언급하는 확장성에는 함정이 있다. 개혁성 정치인이 수구 미디어가 흔들어대는 확장성이란 미끼를 물고 중도층을 포용한다고 노선을 변경하는 순간 정치적 정체성을 잃고 전통적 지지층으로부터 외면당한다. 중도층은 갑자기 노선을 변경하고 자리를 옮겨온 정치인을 의심하며 신뢰를 하지 않는다.

더불어 민주당의 노선이나 정책은 결코 진보적이지 않다. 민주당은 진보정당이 아니다. 크게 보면 민주당과 바른정당, 국민의 당의 정책과 노선은 큰 차이가 없다. 엄밀히 말하면 한국의 진보와 보수는 어느 쪽도 진정한 진보와 보수라 할 수 없다.
이분법적 양자 대결 구도를 만들어 내기를 좋아하는 상업미디어가 한국 정치 구도를 편하게 보수와 진보라는 구조를 만들어 낸 것이다.

이재명 시장은 실질적인 혜택을 주는 정책으로 성남에서 중도나 보수층의 지지를 얻고 있다. 그들에게 생각을 바꾸면서 자신을 지지하라고 권유하지 않는다. 이재명에게 투표함으로써 자신들이 얻는 '이득'을 생각하라고 강조한다.
이때 유권자가 얻는 이득은 경제적이거나 금전적인 이득뿐만이 아니다. 삶의 안정, 부정부패 없는 사회, 깨끗한 환경, 복지. 일자리 등 다양한 영역의 만족감이라 할 수 있다.

전망가는 이러한 방식은 한국의 중도층과 보수층의 지지를 얻는데 매우 합리적인 방식이라 생각한다.
이전의 민주당 정치인들은 보수층의 마음을 바꾸려고 애를 썼다.

　대부분의 한국인들은 '사고의 관성력' 때문에 자신이 믿어 왔던 생각을 잘 바꾸려 하지 않는다. 유교의 선비 정신의 유산 때문에 생각을 바꾸면 지조를 버리는 거라는 생각이 강하다.

　따라서 지조 문화를 알고 있는 유권자들의 사고 변경을 시도 하기보다는 실질적 혜택으로 지지를 끌어내는 방식은 매우 효과 적으로 보인다.

　정치도 경제 활동의 일부가 된 현대 사회에서 유권자들은 정치인과 정책이 나에게 무엇을 주는가, 나에게 어떤 이득을 주느냐를 따지는 경향이 강하다.

　수구 미디어가 만들어내는 과격한 이미지는 유권자의 호응을 얻는 합리적인 정책 개발로 완화시킬 수 있다.

〈재벌패밀리 해체〉

　재벌 체제에 대한 이재명의 발언을 수구미디어는 급진적이라고 몰아세운다.

　이재명은 재벌과 재벌 소유 가문은 구분해야 한다고 주장한다. 해체되어야 하는 것은 재벌가문의 해체라고 강조한다. 그는 기업에 대한 재벌 가문의 부당한 개입과 간섭을 배제하면 기업들이 더 발전할 것이라고 믿는다.

한국사회에서 재벌의 권력은 막강하다. 한국 재벌은 고급관료, 국회의원, 판사, 검사, 경찰 등 국가 권력 행사자를 이용해서 자신들을 위협하는 존재를 억압, 견제, 제거해왔다. 때로는 지하세계의 힘을 이용하기도 했다. 한국에서 재벌은 경제 권력이자 정치권력이다.

이재명의 유력 정치인으로 부상하고 재벌체제에 대한 그의 발언이 강해지면서 한국 재벌은 이재명을 예의 주시하고 있을 것으로 예상된다. 한국 재벌들은 합법적, 비합법적 여러 수단으로 이재명을 견제, 공격하려 들 것이다. 이재명에 대한 수구 미디어의 공격은 그 일환으로 볼 수 있다.

이재명은 앞으로 있을 재벌의 대응에 대해 면밀한 대비책을 준비해야 한다.

이재명은 정치는 늘 위험을 감수해야 한다고 생각한다.
"안전한 길이 아니라 위험하지만 가야 될 길을 가는 것이 옳다. 편하게 정치하려면 상대방이 반대할 때 안 하면 된다. 그럼 싸울 일도 없고, 신문에 쌈박질 시장으로 날 일도 없다. 욕먹을 일도 없다. 하지만 그럴 수는 없다. 나는 시장이기 이전에 민주성의 원리를 최고의 신념으로 삼는 한 사람의 민주주의자이기에." 라고 말한다.

정치인 이재명은 아직까지는 심각한 위험에 노출된 적이 없다. 예전에 성남시라는 작은 기초 자치단체 시장이 외치던 발언은 큰 영향이 없었다. 그러나 이제 유력 대선 주자 이재명이 발언을 하면 무게가 있고 국민과 언론들은 진지하게 받아들인다.

　이제 재벌 패밀리들이 재벌 가문 해체를 주장하는 이재명의 발언을 심각하게 받아들일 것이다. 광주 민주화 학살 세력을 철저하게 처단하겠다는 그의 발언을 듣고 심각한 위협을 느끼는 사람들도 있을 것이다.

　이들은 이재명이 더 크기 전에 쓰러뜨려야겠다고 조용히 기회를 기다리고 있을지 모른다.
　정치적 영향력이 커질수록 발언의 강도가 강할수록 이재명은 생각하지 못한 위험을 맞이할 수도 있다.
　점점 커지는 위협에 비해 이재명의 방어력은 아직은 미약해 보인다.
　그는 이렇게 각오를 말한다. "나는 민심을 어금니 깨물 듯 움켜잡고 살고 있다. 믿을 것은 민주주의에 대한 신념과 시민들의 힘뿐이다. 그래서 놓치지 않으려고 움켜잡고 있다." 라고.

2장. 이재명의 정치 전략과 전술

손가락 혁명군

인터넷과 모바일, SNS가 한국의 정치 환경을 변화시키고 있다. 이재명은 새로운 정치 환경을 누구보다 빨리 포착하고 준비했다. 촛불 집회는 이재명에게 지지율 급상승을 안겨주었다. 여론 조사에서 이재명은 서울 지역 지지율 1위를 차지하기도 했다.

이재명은 인터넷과 모바일, SNS가 생산해내는 혁명적 에너지를 놓치지 않았다. SNS가 정치우위 시대가 아니라 국민 우위 시대를 가져왔음을 알았다.

한국에서 국민은 오랫동안 여론조작과 통치의 대상이었다. 국민은 탐욕스러운 권력과 정치인의 소비 대상이었지 정치의 주체가 아니었다.

이명박, 박근혜 정권을 거치면서 한국의 대중 미디어는 권력의 통치도구 역할을 수행하였다. 대부분의 방송미디어와 수구 종이신문들은 권력자의 비위를 맞추면서 정권에 항의하는 시민들을 공격, 무시, 외면화 하면서 고립화 시켰다.

한국에서 공영 방송과 수구 종이신문들은 그 자체가 권력기관이 되었고 기득권 권력 집단이 되어 버렸다. 수구적인 종이신문과 권력에 조종되는 방송사들은 원하는 대로 프레임을 만들었다. 한국인들은 그 프레임에 갇혀 사고하고 행동했다.

미국의 학자 조지 레이코프는 "프레임이란 우리가 세상을 바라보는 방식을 형성하는 정치적 구조물이다. 프레임은 우리가 추구하는 목적과 우리가 짜는 계획, 우리가 행동하는 방식, 우리가 행동한 결과의 좋고 나쁨을 결정한다고 말한다.

소수의 미디어가 정보와 메시지를 독점하는 사회에서는 정보 전달이 제대로 안 된다. 권력자와 기득권 집단이 싫어하는 정보는 통제되고 권력의 마음에 드는 정보만 일방적으로 전달되기 때문이다.

특정 세력이 일방적으로 만들어 놓은 프레임만 존재하는 사회에서는 시민이 참여하는 토론의 장, 소통과 나눔의 장은 형성되지 않는다.

10년에 걸친 보수정권 기간 동안 한국이들은 정치권력과 종이신문이 합작해서 만든 프레임에 갇혀있었다. 통치 도구였던 방송사들은 이들 프레임을 공고히 굳히는데 힘을 쏟았다.

뉴미디어와 SNS의 등장으로 오랫동안 종이신문과 방송사가 독식하던 프레임 구조는 균열이 생기고 있다. 인터넷, 모바일, SNS 그리고 이들 네트워크를 이용한 팟캐스트가 메시지 전달 체계를 바꾸고 정치 환경을 변화시켰다.

SNS(Social Network Service) 미디어가 올드 미디어를 대체

하면서 작지만 강한 뉴미디어들은 한국 사회의 메시지 전달 시스템을 변화시키고 프레임을 무너뜨리고 있다. 미디어 기업의 규모가 아니라 콘텐츠의 내용과 질이 미디어 파워를 결정하고 있다.

이러한 새로운 미디어 환경에서 이재명은 SNS 미디어- 블로그, 트위터, 페이스북, 유튜브 등을 활용하여 자신이 직접 메시지 발신기지 역할을 했다.

이재명이 쏟아내는 명확한 메시지는 사람들의 마음을 움직였고 메시지에 동의하는 사람들은 자발적으로 이재명의 메시지를 다른 사람들에게 퍼 날랐다. 네트워크에서 이재명은 스스로가 미디어 역할을 하면서 지지자들을 빠른 속도로 결집시켰다.

SNS 활동은 정치를 외면하던 사람들도 정치활동에 흥미를 느끼게 만들었다. 예전에 한국인들은 정치활동이란 정치인들만 하는, 자기와는 관계없는 특별한 활동이라 생각했다. 그들에게 정치 활동은 불이익을 당할 수 있는 위험한 활동으로 보였다. 정당에 가입하거나, 피켓을 들고 구호를 외치는 것이 정치라고 생각했다.

이렇게 정치 활동을 머뭇거리는 사람들에게 이재명은 손가락만 사용하면 된다고 말했다. SNS에서 공감하는 메시지에 손가락으로 좋아요를 누르기를 권했다. 손가락을 눌러 다른 사람에게 퍼

나르면 된다고 했다. 기분이 좀 내키면 댓글에 자기 의견을 쓰면 더 좋다고 했다. 이 정도만 해도 훌륭한 정치활동이라고 말했다.

지지자들은 동영상을 공유하고, 좋아요를 누르고 댓글을 달았다. 그러자 정치활동은 쉽고 재미있는 활동으로 생각하기 시작했다. 정치가 먼 곳에 있지 않았다. 가까운 곳에 정치가 있었다. 네트워크에서 정치가 사람들과 소통하는 재미있는 놀이로 다가왔다.

사람들은 공영 방송이나 수구 종이 신문에서는 볼 수 없는 이재명의 사이다 같이 시원하고 명확한 메시지가 담긴 Youtube 동영상이나 트위터 글을 아는 사람들과 공유했다. 이재명은 'SNS 대통령'이라는 애칭을 얻었다. 마침내 이재명의 메시지에 공감하는 사람들로 '손가락 혁명규(약칭 손가혁')을 조직되었다.

'손가락 혁명군'은 이재명의 지지율이 10% 이하 일 때까지는 게릴라처럼 활동했다. 드디어 1월 15일 광주에서 발대식이 열리면서 '손가락 혁명군'은 이재명의 대선지지 모임으로 발전하면서 게릴라에서 정규군이 되었다.

이재명은 '정치는 지지자를 조직하고 강화하는 것'이라고 한다.
정치는 국민 중에서 깨어나서 행동하는 소수가 끌어가는 것이라고 믿는다. 노무현 대통령은 "민주주의 최후의 보루는 깨어있는 시민의 조직된 힘입니다" 라고 말했다.

이재명의 목표는 한국인의 1%를 조직하는 것이다. 1%는 50만 명이다. 이재명은 50만 명이 마음먹고 '세상을 바꿔보자' 하면 세상이 바뀐다고 믿는다.

인터넷과 모바일은 이재명에게 지지자를 끌어 모으고 조직화하는 강력한 무기다. 네트워크에서 이재명의 지지자들은 공정사회, 강자가 법을 지키는 사회, Reset Korea에 대한 기대로 자발적으로 모이고 있다.

구시대의 한국 정치판에서는 정치인과 지지자는 집단 이익공유 관계였다. 지지자는 당선된 정치인이 나눠주는 미래의 대가를 기대하면서 지지하였다.

'손가락 혁명군'이라고 자처하는 이재명 지지자들은 '내가 이재명과 함께 새로운 세상을 만든다는 생각을 공유한다. 이재명이 창출하는 선명한 메시지를 SNS에서 사람들과 공유하고 주위에 권유한다. 작은 실천을 적극적으로 행동하는 소수이다.

이재명은 대중을 추상적인 집단으로 생각하지 않는다. 대중을 집단지성을 가진 인격체로 생각한다. 빠르게 정보가 유통되는 세상에서는 집단 지성을 가진 대중에게 누가 정보를 많이 전달하고 정보를 장악하느냐에 승부가 결정난다고 생각한다.

이재명은 이런 새로운 정치 무대에서는 무조건 나를 지지하고 저쪽은 지지하지 말라고 부탁하는 것은 효과가 없다고 판단한다. 정치세력이 일방적으로 시민들에게 선택지를 전달하고 선택을 강요하던 구세대 정치판은 뒤집어졌다고 생각한다. 그는 이제 정치는 국민이 직접 하는 거라고 믿는다.

이재명은 현대인은 정보가 주어지면 판단은 스스로 한다고 믿는다. "시민에게 판단을 요구하면 안 된다. 정보를 줘야 한다."라고 이재명은 말한다. "과거에 대중은 모래알처럼 흩어진 존재였다. 이제는 집단 지성을 갖춘 인격을 갖은 유기체이다. 정치인은 이제 네트워크에서 형성된 국민의 집단지성을 받들어야 한다."

이재명과 지지자들은 네트워크에서 커뮤니케이션을 주고받으며 집단지성을 만들어 나가고 있다. 과거엔 동원 대상이었던 국민들이 스스로를 조직하고 자신들의 의견을 정치인에게 반영하여 정치 활동을 좋아하는 정치인과 공동 사업으로 수행하는 것이다. 한국인들은 정치인을 통제하면서 공동으로 정치를 하는 시대로 들어가고 있다.

한국 근현대사에서 박근혜 퇴진 정국만큼 국민이 국회와 정치인에게 큰 영향력을 행사한 적은 없었다. 박대통령의 비리가 밝혀졌는데도 여의도 정치인들은 대통령 탄핵을 머뭇거리고 정치적 타협의 길을 모색하고 있었다. 그 시간, 네트워크 안에서는 즉각 퇴진, 즉각 탄핵이란 집단적 합의가 빠른 속도로 모아졌고, 그 합의는 촛불집회를 통해 거세게 발현되었다.

한국인들은 탄핵에 반대하는, 탄핵을 저지하려는 국회의원들의 핸드폰에 수 만 통의 문자 폭탄을 보냈고, 홈페이지에 수많은 댓글로 자신들의 의사와 분노를 표출했다.

유권자들이 본격적으로 정치인들을 통제하기 시작한 것이다. 국민이 정치를 지배하게 된 것이다.

다음번 선거에서 재당선을 생각해야 하는 국회의원들은 유권자들의 의견을 무시할 수 없었다. 유권자의 포로가 된 것이다.

국민 위에 군림하려던 봉건시대형 정치인들은 순식간에 힘을 잃었다.

정치적 자각과 행보

이재명은 초등학교를 졸업하자마자 간판도 없는 목걸이 공장에서 일을 해야 했다. 검정고시로 중고등학교 과정을 마친 후 학력고사 성적 우수자에게 장학금을 주는 중앙대학교 법학과에 입학했다.

대학에서 광주민주화 항쟁의 진실을 알고 이재명은 정치사회 문제에 관심을 가지게 되었다. 그 전까지 이재명은 데모하는 놈들은 모두 폭도이고 빨갱이다. 모조리 때려잡아야 한다고 주위 사람들에게 말하고 다녔다고 한다.

그는 페이스북에 다음과 같이 썼다. "저는 광주민주항쟁의 진실에 눈뜨면서 독재 권력에 의해 세뇌되어 살던 좀비 일베충에서 비로소 자기 판단을 가진 주체가 되었습니다.

잘 먹고 잘 살자는 개인적 삶을 희구하던 제가 공리를 생각하는 '혁명적 변화'를 시작하는 순간이었습니다."

그때 이재명은 "정보가 왜곡되면 사고가 왜곡된다는 진실을 깨달았다. 지금도 그 당시 진실을 모르고 광주항쟁 시민군들을 욕하고 다닌 게 미안하고 한스럽다고 회상한다.

광주민주화 항쟁의 진실을 알게 되면서 이재명은 인간의 권리, 국가의 의무와 역할, 언론의 자유 등을 생각하게 되었다. 최초의 정치적 자각이었다.

그가 세월호 진상 규명과 책임자 처벌에 미친 듯이 매달리는 이유는 광주민주화 항쟁과 같은 부채의식 때문이라고 한다. 광주민주화 항쟁과 세월호 참사는 국가의 존재이유에 대해 묻게 하는 사건이라는 점에서 같다고 생각한다. 잘못을 저지른 국가가 진실을 은폐하고 진실을 밝히라는 국민을 탄압하고 적대시했다는 점에서 두 사건을 같다고 지적한다.

억강부약(抑强扶弱)

더불어 민주당 대선후보 경선 예비후보 등록 후 이재명은 현충탑에 참배한 후 방명록에 "모두가 자유롭고 평등한 나라를 위하여 불의한 세력과의 싸움에서 부러질지언정 결코 물러나지 않겠습니다."라고 썼다.

이재명은 정치를 하는 이유로 억강부약(抑强扶弱)을 든다. 강한 자를 억누르고 약한 자를 도와준다는 의미다. 그는 입버릇처럼 힘센 사람이 법만 지키게 해도 한국사회가 바로 선다고 말한다. 정치를 잘해야 온 국민이 호강하고, 약한 사람도 행복을 느낄 수 있는 공평한 사회를 만들겠다는 사명감을 가지고 있다.

이재명은 누구나 기회가 있다고 믿기에 희망을 가지는 삶, 희망이 있는 사회를 만드는 것이 정치와 행정의 가장 중요한 역할이어야 한다고 믿는다. 그가 정치와 행정을 하는 이유는 힘세고 많이 가진 사람들을 절제시키고, 힘없고 못 가진 다수한테 공평한 기회를 부여하고 북돋아서, 함께 살아갈 수 있는 세상을 만들기 위해서다. 바로 억강부약(抑强扶弱) 정신이다.

부인 김혜경씨는 인터뷰에서 남편 이재명은 "세상을 바꾸지 못하면 정치를 할 이유가 없다"라고 말한다고 전한다.

방송인 김미화씨와의 대담에서 "왜 정치를 하시는 거예요?" 라는 물음에 이재명은 "내 삶이 유용하게 쓰이는 곳에서 일하자, 시민운동의 변호사도 하나의 수단이고 시장직도 나름 유용하게 쓰는 수단의 하나입니다." 라고 대답했다.

사법시험에 합격한 이재명은 연수원을 졸업하면서 판검사 길을 마다하고 인권 변호사 길을 선택했다. 그는 힘센 자들에게 고통을 받는 사람들을 외면할 수 없었다고 한다. 다양한 노동인권 운동과 시민운동을 하였다.

이재명은 시민운동가로 활동하면서 성남 시립 공공 의료원 설립 운동에 나섰다. 이 안건이 시의회에 의해 거부당하자, 의사진행을 방해하고 기물을 파손했다는 혐의로 벌금형을 선고받았다.

이 사건을 계기로 이재명은 정치 참여를 결정했다.
이재명은 성남시장 취임식에서 "나는 권력이 필요한 게 아니라 일을 할 수 있는 권한이 필요한 사람이다. 자리나 지위가 아니라 일할 수 있는 기회가 필요한 사람이다." 라고 말했다.

꼬리를 잡아 몸통을 흔들다

이재명은 첫 정치 도전으로 2006년에 성남시장 선거에 출마했다. 낙선하였다.

2008년에는 국회의원에 출마했다가 낙선하였다.

마침내 2010년에 48세의 나이로 민선 5기 성남시장에 당선되었다.

이재명에게 성남시장은 매우 소중한 경험이었다.

이시장은 십여 년 동안 시민운동을 하는 동안 회비 5000원, 10,000원을 걷어서 연간 3000만원 예산에 실무자 한명이 고작이었다.

성남시장이 되고 나서는 예산 2조4천억 원을 가지고 공무원 2500여명을 활용하여 정책을 추진하니 하고 싶었던 일들을 모두 할 수 있다고 한다.

이재명을 견제하는 사람들은 이시장의 성남시정 경험을 폄하하는 경향이 있다. 성남은 작은 기초자치 단체고, 기초단체 운영경험으로는 나라를 운영할 수 없다는 것이다.

이런 주장을 하는 사람들에게 이재명은 성남에서 거둔 성과의 의미를 다음과 같이 설명한다.

"바닥이 바뀌어야 진짜 변하는 거다. 바닥의 변화가 없는 상층의 변화는 언제든지 흔들릴 수 있고 뒷걸음질 할 수 있는 사상누각 같은 거다. 그래서 기초를 바꾸고 뿌리를 바꾸는 일에 투자하자. 그래서 기초를 바꾸고 뿌리를 바꾸는 일에 투자하자."

이런 현상은 이재명이 즐겨 쓰는 표현으로 '꼬리를 잡고 몸통을 흔든다.' 이다.
"제가 관심을 갖고 정말 열심히 해보고 싶은 일들은, 또 꼭 일하고 싶은 곳은, 바닥, 기초, 지역 그리고 화려하지 않은 일상인 삶의 현장, 어렵고 힘든 곳의 문제, 남들이 선뜻 나서지 않는 일, 같은 겁니다. 즉 머리가 아닌 꼬리를 잡자는 겁니다.
꼬리를 잡고서, 몸통이라고 할 우리 사회 전체, 민주주의, 정치, 시민들의 삶, 세상의 인식 같은 것들을 바꾸고 나아지게 해보자는 겁니다. 전체를 한꺼번에 바꾸는 것도 좋지만 그리 쉬운 일은 아니잖습니까?
작은 것에서, 지역에서, 남들이 주저하고 또는 두려워서 안 하는 것들을 통해서 전체를 관통하고 확산시키는 도전을 해보고 싶은 겁니다. 정말 기분 좋은 것은 몸통이 지금은 흔들리고 있다는 경험을 하게 되는 겁니다.
꼬리를 잡고 흔들면 몸통도 흔들리는 사회, 꼬리의 성공에 따라 물 흐르듯이 몸통도 함께 흐르면서 함께 변하는 사회가 합리적인 사회입니다.

성남에서 '정의'면 대한민국에서도 '정의'가 되는 사회, 성남의 성공이 대한민국에서도 통하는 그런 사회가 합리적인 사회겠지요.

비록 중심에 가 있지 않아도 할 일은 똑같다고 생각합니다."
(이재명저, '오직 민주주의. 꼬리를 잡아 몸통을 흔들다'에서 인용)

전망가가 보기엔 몸통을 잡기 위해 꼬리부터 장악하는 생각은 대단히 전략적인 사고이다.

성남시장이란 자리는 이재명이 대통령으로 가는 전략적 발판으로 중요한 역할을 하고 있다.

성남시는 대한민국 축소판이다. 성남은 여러 사회 계층의 이해관계가 대립되는 도시이다. 성남시에는 서울 강남만큼 잘사는 분당구와 형편이 조금 못한 사람들이 사는 구도시가 함께 존재한다.

이런 도시에서 이해관계를 잘 조정하면서 민선시장에 두 번 당선된 것은 유권자가 행정능력을 인정했다는 증거다. 적어도 이재명은 행정경험이 없는 국회의원 출신 정치인보다는 행정능력은 검증된 인물이라 할 수 있다.

성남시의 경험과 활약이 알려지면서 이재명은 전국적인 인물이 되었다.

성남이라는 꼬리를 잡아 흔들어 대한민국이란 몸통을 들썩이게 하는 전략이 성공한 것이다.

대중밀착형 정치인

이재명은 정치의 본질은 유권자에게 이익을 주는 거라 말한다.

정치와 이익을 결부시키는 실용적이면서 경제적인 관점은 진보 정치인은 물론 보수정치인에게서도 발견하기 드문 발상이다.

이재명은 고도성장 시대의 정치와 저성장 시대의 정치는 다르다고 생각한다.

저성장 시대에서 정치를 소비하는 유권자는 이 정치인이, 또는 이 정책이, 나에게 어떤 이득이 되냐, 나에게 뭘 주냐를 따진다고 주장한다.

이때 유권자가 생각하는 이득은 반드시 경제적이거나 금전적인 이득은 아니다. 삶의 안정, 부정부패 없는 사회, 깨끗한 환경, 복지. 일자리 등 다양한 영역의 만족감이라 할 수 있다.

전망가가 보기에 한국 정치 풍토에서 이익과 정치를 결부시키는 건 좋은 전략으로 보이지 않는다.

한국 사회에서는 '이익'을 불순한 개념으로 여기는 경향이 있다. 이익을 강조하는 사람을 좋게 보지 않는 풍토가 있다. 한국에서 공공분야에서 '이익'을 너무 강조하면 배척당할 수 있다.

따라서 이익이란 말 대신 다른 용어를 사용하는 것이 좋을 것 같다.

전망가가 보기엔 이재명이 정치와 이익을 결부시키는 이유는 크게 두 가지로 보인다.

하나는 성남시 행정 경험에서 비롯된 것이다.

성남시가 여러 보수 단체들에게 실제적인 이득을 제공하자 보수적 유권자도 진보 시장인 자신을 흔쾌히 지지하는 사실을 발견한 것이다.

두 번째 이유는 이재명 자신이 이익이라는 개념을 중시하기 때문인 것 같다. 그가 이익을 중시하게 된 이유는 합리적인 사고 때문일 수도 있고 경제적으로 어렵게 자란 과거사 때문일 수도 있다.

그리고 투표에서 정체성도 중요한 요소라고 주장하는 미국 학자도 있다.

'정치적 프레임'이란 개념을 한국에 소개한 미국 학자 조지 레이코프는 '코끼리는 생각하지마'라는 저서에서 다음과 같이 설파한다.

" 사람들이 반드시 자기 이익에 따라 투표하지는 않습니다. 그들은 자신의 정체성에 따라 투표합니다. 그들은 자신의 가치에 따라 투표합니다. 그들은 자기가 동일시하고픈 대상에게 투표합니다. 물론 그들은 자기 이익과 자신을 동일시할 수도 있을 것입니다. (중략). 사람들이 자기 이익에 전혀 관심이 없다는 말이 아니라 자기의 정체성에 투표한다는 말입니다."

이재명의 장점은 수요밀착형 정치인이라는 점이다.
이재명은 성남시를 운영하면서 시민의 요구나 민원을 신속하고 적극적으로 대응하는 것을 시정의 목표로 삼았다.

이렇게 단련된 수요반응형 대응 자세는 촛불집회에서 시민들이 원하는 것을 정확하고 빠르게 파악하고 대응하는데 많은 도움이 되었을 것이다.

이러한 수요반응형 정치인은 새로운 한국 정치인의 모델이 될 수 있다.
조직화된 시민이 정치와 행정에 영향력을 행사하려는 시대에는 공직자에게는 더욱 이런 자세가 필요하다.

이재명은 지방자치는 민주주의를 배우는 학교라고 말한 토크빌의 말에 공감한다.
"지방자치기관은 주민들이 선출한 작은 정부이며 중앙과 대등한 정부기관이다"라고 강조한다.
이재명은 많은 중앙공무원이 지방자치제를 산하기관으로 생각하고 지방 공무원을 부하로 생각하는 경향을 가지고 있다고 지적한다.

지방자치제의 수호자를 자처하는 이재명은 지방자치와 민주주의를 중요하게 생각한다.

이재명은 2016년 6월 중앙정부의 지방재정 개편 안에 맞서 광화문 광장에서 열흘간 단식 농성을 했다. 중앙정부와 싸우고 지방자치제도에 대한 열의와 신념을 보여주면서 지방자치제 수호자로서 존재감과 위상을 높였다.

그는 국가, 정부, 사회, 정치구조는 구성원들의 보다 나은 삶을 위해 존재하는 것이라고 생각한다. 구성원 개인을 가장 중요한 존재로 인정하고 그들에 의해 의사가 결정되고 집행되고 또 그들에 의해 사회가 움직이는 원칙이 바탕이 되는 민주체제에서 '소통'은 가장 중요한 가치를 지닌다고 믿는다.

이재명은 '오직 민주주의. 꼬리를 잡아 몸통을 흔들다'에서 다음과 같이 말한다.
"사회의 규모가 커지고 또 복잡해짐에 따라 정착된 대의민주주의에서 소통은 민주성의 원리를 관철해 나가는 절체절명의 과제이다. (중략)
　선출직이든 임명직이든 모든 공직자들, 공무를 하는 사람들이 해야 할 가장 중요한 역할은 바로 주권자들의 의사를 반영하는 일이다. 그렇기 때문에 주권자의 소리를 들을 수 있어야 하고, 그들이 알 수 있도록 정보를 제공해야 한다. 주권자와의 소통, 이것이 없다면 민주주의라는 것은 사실 실체가 없는 것이다. 소통이 없는 정치는 정치가 아니라 지배다."

3장. 한국 사회의 문제점과 해결방법

이재명은 2017년 현재의 한국사회를 어떻게 보고 있을까?
"지금의 한국 사회의 혼란은 어설픈 관용과 용서가 부른 참극이다." 라고 대답한다.

이재명은 최순실의 국정농단에 휘둘린 한국은 기본 정의가 무너진 비정상 사회라고 본다.
강자들의 횡포를 막아야 하는 공직자들이 강자들과 손을 잡고 혜택을 나눠 먹어 부정부패와 불평불만이 가득 찬 사회라고 본다.
법이 모든 사람에게 평등하게 적용되지 않는 불평등, 불공정한 사회라고 본다.
평등한 기회가 보장되지 않은 불공평한 사회라고 본다.
권력에 기대어 반칙을 해야 올라갈 수 있는 사회라고 본다.

이재명은 한국 사회가 이렇게 타락한 이유를 해방이후 한국을 지배해온 부패, 친일, 독재 세력의 기득권 구조가 한 번도 후퇴하거나 청산되지 않은 채 계속 확대되었기 때문이라고 강조한다. 70년간 누적된 적폐가 한 번도 청산되지 않았기 때문인 것이다.

이재명은 현재 한국에서 스스로를 보수라는 세력은 진정한 보수로 볼 수 없다고 주장한다. 보수의 탈을 쓴 친일 독재 부패세력의 범죄 집단이라 주장한다.

국회청문회와 탄핵 심판에서 중요 증인들의 행태를 보면서 이재명은 분노한다.

"이제까지는 권력자는 잘못을 저질러도 엄정한 징벌을 받지 않고 대부분 시간이 지나면 유야무야 정치적으로 덮었다. 그걸 보고 배워서 박근혜 정권에서 법을 위반한 자들이 국회청문회에서도 뻔뻔하게 모르쇠로 버틴다. 잘못을 저질러도 제대로 처벌받은 적이 없으니까 간이 배 밖으로 나온 지경"이라고 개탄한다.

이재명은 지난 10년의 보수 정부는 강한 자들 편이었다고 주장한다. 특히 박근혜 정권에서의 정부와 국가는 강자의 편을 들어 부패한 부당이득을 나눠먹고 있다고 질타한다.

그는 촛불집회에서 시민들이 원하는 것은 부패 기득권 구조를 청산하여 모든 사람이 공정한 기회를 누리는 공정한 나라 건설이라고 믿는다. 그래서 이재명은 공정한 나라 건립을 대통령 선거 출마 공약1호로 내세웠다.

공정한 사회가 되기 위해서는 법치주의 확립이 중요하다. 그렇기 위해서는 사법 권력이 공정해야 한다.

한국에서는 힘을 가진 자들은 법을 어겨도, 잘못을 저질러도, 돈의 힘으로, 학연, 지연 등 연줄의 힘으로 경찰 검찰 판사에게 영향력을 행사해 무죄가 되어 풀려나오거나 낮은 형량을 선고받는다.

한국이 공정 국가가 되려면 기득권 울타리에서 둥지를 틀고 있는 강자들이 법을 지키도록 강제하는 것이 중요하다. 힘 있는 자들이 법을 지키기만 해도 많은 부조리가 해결될 것이다. 이재명의 억강부약 원칙이 실현되어야 할 사회다.

이재명은 깨끗한 사법 권력을 위해 국민이 검찰총장을 직접 선출하는 제도를 제안한다.

재벌 개혁의 방향

이재명은 가톨릭평화방송 '열린 세상 오늘! 김성덕입니다' 프로그램에서 다음과 같이 말했다. "우리나라의 가장 심각한 문제는 국가권력을 경제 권력이 장악하고 있고, 경제 권력의 핵심은 재벌가문"이라 하고 이어서 자신의 재벌 개혁 방향에 대해서 밝혔다. "삼성그룹을 해체하자는 것이 아니고 소위 이재용 가문의 부당한 개입을 제거"하자는 것이라고 하였다. "(재벌 가문)이 기업을 부당하게 이용 못하게 하고 범죄행위를 못하게 하면 당연히 삼성그룹이 좋아진다, 기업이 훨씬 나아진다." 말했다.

이재명은 재벌이 지배하는 현재의 한국의 경제 상황을 심각하게 보고 있다.

한국 경제가 침체에서 벗어나지 못하는 이유 중 하나가 재벌 위주의 성장 때문이라고 생각한다. 한국의 재벌 대기업들은 770조라는 거금을 사내유보금으로 쌓아두고 있다. 이 막대한 금액과 1300조원에 이르는 가계부채 때문에 시장에는 돈이 순환되지 않고 있다.

이재명은 기업이 성장의 과실을 사내유보금으로 쌓아두기만 하고 노동자들에게 과실이 나눠지지 않고 있다고 본다. 그는 법인세율을 인상하고 그 재원으로 가계의 가처분 소득이 늘어나는 정책을 개발해야 한다고 역설하고 있다.

한국의 재벌은 60-70년대 박정희식 경제발전의 결과물이다. 박정희식 경제발전에서 재벌은 국가의 도구였다. 국가정책의 시행자이자 대리인이었다. 박정희는 마음에 드는 재벌을 골라 집중해서 지원했다. 선택에서 제외된 기업은 발전할 수 없었다.

이러한 재벌 위주 정책은 정경유착이란 악습을 만들어냈다. 최순실과 박대통령은 이 악습을 악용하여 재벌들의 요구를 들어주는 대가로 이권과 돈을 챙겼다.

이재명은 재벌의 힘이 막강하기 때문에 각종 분야에서 불공정이 심하다고 보고 있다.

재벌만 돈을 벌고 하청기업과 노동자에게 정당한 몫이 돌아가지 않는 구조로는 대한민국의 발전을 더 이상 기대할 수 없다.

그래서 이재명은 재벌개혁에도 억강부약이라는 철학을 적용하려 한다.

재벌을 개혁해서 강자들의 횡포를 억제하고 공정한 경쟁이 가능한 토대를 만들고, 불법 노동, 장시간 노동을 억제하고, 노동조합을 강화해서 노동자들의 몫을 늘려야 한다고 주장한다.

재벌의 힘을 억제해서 중소기업에 대한 착취를 막고, 자원과 기회를 중소기업과 개인에게 공평하게 나눠주고 그 자원과 기회를 효율성 있게 활용하도록 지원하는 것이다.

이재명은 재벌위주의 대한민국 경제 시스템을 개혁하려 한다. 개혁의 구체적인 내용은 아직 공개되지 않았다. 어떤 종류의 개혁이든 재벌개혁을 반대하는 세력의 반격과 저항이 커질 것이다.

이재명이 성남시장으로 있을 때는 그의 발언과 정책은 재벌에게 큰 위협이 되지 않았다. 유력 정치인이 된 이재명의 발언과 정책은 기득권 세력에게는 큰 위협이 된다. 재벌이나 기득권 세력에게 실질적인 위협세력이 된 것이다.

재벌을 비롯한 기득권 세력은 이재명이 개혁을 추진하는 실질적인 힘을 가지기 전에 좌초시키려고 여러 가지 방법으로 이재명을 괴롭힐 것이다.

이재명의 재벌개혁을 불안하게 보는 사람들도 있다.
그들은 한국은 중소기업도 약하고 벤처기업도 미약하다.
재벌을 작은 조각으로 쪼갤 경우 국가 전체의 경쟁력이 약해져

글로벌 시장에서 경쟁할 수 있는 한국기업들이 사라질 우려도 있다. 재벌을 대체할 수 있는 마땅한 경제주체가 없는 실정이다. 이런 상황에서 재벌 대기업의 힘이 빠지면 한국 경제는 혼란을 겪을 수도 있다고 주장한다.

이러한 우려에도 불구하고 재벌 개혁은 진행되어야 한다. 재벌 가문의 부당한 기업에 대한 간섭과 특혜는 없어져야 한다. 새로운 기업들의 공정한 참여가 보장되어 한국경제가 활력을 되찾아야 한다.

이재명의 재벌 시스템에 대한 억강부약 정책이 한국 경제의 체질을 과감하게 개혁하여 불평등을 극복하고 공정한 기회가 보장되는 공정한 나라를 만들기를 기대해본다.

4장. 이재명의 경쟁자들

이재명은 촛불집회를 거치면서 지방 도시 시장에서 전국구 정치가가 되었다.

10월 29일 광장의 연설은 사람들을 감동시켰고 동영상은 네트워크에서 수많은 사람이 공유하였다. 2016년 12월에 이재명의 지지율은 18%까지 올라갔고 문재인을 위협했다.

이재명의 지지율 상승을 부정적으로 보는 사람도 있다.
이재명의 인기는 대중의 분노와 흥분된 사회분위기에 편승한 덕분이고, 사이다는 거품이 빠지기 마련이고 거품이 빠지면 지지율은 내려갈 거라고 보는 시각도 있었다.

정치인의 지지율과 순위는 계속 변한다.
전망가가 판단하기에는 매주, 매월의 지지율은 큰 의미가 없는 것 같다.
중요한 정치적 사건 이후의 지지율 변화와 공고함이 중요하다.

 2017년 1월 반기문씨의 정치 포기로 정치인들의 지지율에 많은 변화를 일으켰다.

반기문의 지지층이 이동하면서 안희정 충남지사의 지지율이 상승했다. 이재명의 지지율은 10% 정도에서 정체되었다. 이재명의 10%의 지지층은 매우 공고해 보인다.

2017년 상반기에는 중요 정치적 행사가 두 가지 있다.
민주당 경선과 19대 대통령 선거이다.

탄핵 심판 결과와 민주당 경선은 이재명에게 중요한 정치적 분기점이 될 것이다.
특히 민주당 경선은 이재명의 정치적 기반을 다지는 중요한 기회가 될 것이다.

민주당 경선을 분석하기 전에 먼저 이재명의 등장으로 안철수와 박원순 서울시장이 어떤 영향을 받았는지 분석해보자.

이재명과 안철수

한국 갤럽은 2015년 8월 11~13일 사흘간 전국 성인 1005명에게 여야 정치인 각 4인(총 8인)을 대상으로 차기대선후보 정례조사를 실시하였다.

그 결과, 1위 박원순 서울시장(16%), 2위 김무성, 3위 문재인 대표(12%), 안철수 의원(9%), 오세훈 전 서울시장(6%), 김문수(4%) 이재명 성남시장(4%), 유승민 의원(2%) 순이었다.

위 갤럽 조사이후 1년 5개월 사이에 많은 변화가 생겼다.
문화일보가 2017년 1월 23~24일 동안 여론조사 전문기관 엠브레인에 의뢰한 여론조사의 결과는 다음과 같다.

대선후보 지지도 조사에서 문재인 31.2%, 반기문 16.0%, 이재명 10.7%의 지지율이 나타났다. 중위군 후보로는 황교안 대통령 권한대행 국무총리(7.9%), 안희정과 안철수가 각각 7.4%의 지지를 얻었다. 박원순 서울시장(2.1%)과 유승민 의원(1.8%)이 뒤를 이었다.

2015년 조사에서 16%의 지지를 얻어 1위였던 박원순은 2017

년 1월에는 불과 2.1%의 지지로 내려앉았다. 같은 기간 동안 이재명은 4%에서 10.7%로 상승했다.

박원순 서울시장과 오세훈은 1월 말에 대선 불출마를 선언했다.
2월에는 대구에서 어렵게 당선한 민주당 김부겸 의원이 대선 불출마를 선언했다.

이재명의 상승과 안철수를 비교해보자.
오랫동안 문재인, 반기문 다음으로 3위 자리를 차지하던 안철수는 이재명과 안희정, 황교안의 의 위세에 눌려 순위가 내려갔다.

지금쯤 안철수는 민주당을 탈당해서 국민의 당을 만들기를 잘했다고 생각하고 있을 것이다.

만일 안철수가 계속 민주당에 남아 있었다면 지금 어떤 위치일까?

아마도 민주당의 경선에 참가도 하지 못했을 것이다. 박원순 서울 시장이 경선 참가를 포기했음을 상기하자.

안철수의 지지율은 왜 정체일까?
이재명에겐 있고 안철수에겐 없는 것은 무엇일까?

4장. 이재명의 경쟁자들

전망가는 안철수에게는 고정 지지층이 부족한 것이 문제라고 판단한다.

안철수가 2012년 7월에 정치를 시작했다. 꽤 시간이 흘렀지만 고정 지지층이 부족한 것은 문제다.

전망가는 뚜렷하지 않은 안철수의 노선 때문에 고정 지지층이 늘어나지 않는다고 생각한다. 그리고 인간적인 매력 역시 부족하다고 판단한다.

이재명도 아직 고정 지지층은 적은 숫자다. 하지만 꾸준히 늘어나고 있다.

민주당 경선을 치루면서 이재명의 고정 지지층은 증가할 것이다. 그래서 민주당 경선이 이재명의 정치 인생에서 중요한 것이다.

안철수가 민주당을 탈당하면서 국민의 당을 만들자, 야권 지지자들은 안철수가 야권을 분열시키고 정당을 떴다방으로 만들었다는 비난을 퍼부었다.

민주당을 탈당하면서 안철수는 여러 이유를 댔지만 근본적인 이유는 대통령에 대한 욕심으로 판단된다.

안철수는 문재인이 있는 한 민주당에서는 19대 대통령 후보가 될 수 없다고 판단했을 것이다. 그래서 20대 총선에서 국회의원을 하고 싶은 호남출신 정치인들과 손을 잡고 국민의 당을 만든 것이다.

안철수는 국민의 당이 제3정당이 되면서 양당제가 붕괴되고 다당제를 이룩한 것을 큰 성과라고 자화자찬한다.

하지만 야권지지자들은 대통령 욕심에 사로잡힌 안철수가 야권을 분열시키지 않았다면 20대 총선에서 야권은 더 큰 승리를 했을 것으로 믿는다. 야권 분열로 새누리당 의원이 당선된 안산과 같은 수도권의 여러 선거구도 모두 야당 의원이 당선되었을 것이다.

국민의 당이 호남 지역에서 많이 당선됐다. 이 결과는 호남인늘이 안철수를 지지한 결과는 아니다. 호남인들은 익숙했던 지역 정치인들에게 투표한 것이다.

즉 국민의 당을 지지한(하는) 호남인들이 반드시 안철수를 지지하는 것은 아니라는 것이다.

야권 분열의 비난 때문에 안철수는 야당 성향의 유권자의 지지를 얻지 못해 지지율이 정체되어 있는 것 같다. 호남을 제외한 지역에서 안철수의 지지율은 미약하다.

안철수는 상당기간 동안 진보 성향의 유권자의 지지를 기대하기 힘들지 않을까 싶다. 유권자들은 안철수가 야당인지 여권인지 헷갈려 한다.

진보 진영의 지지가 없는 안철수는 20대 대통령 선거에서 어떤 선택을 할 것인가?

안철수는 19대 대통령 선거는 문재인과 자신의 대결이 될 것이라고 공언한다.
지지율이 낮은 안철수가 이렇게 주장하는 근거는 무엇일까?
먼저, 민주당 경선이 끝나면 민주당 후보는 1명으로 압축된다. 안철수보다 순위가 앞선 두 사람이 순위경쟁에서 사라지는 것이다.

그리고 보수진영의 후보의 세력은 약하다.
안철수는 적어도 자신이 보수진영 후보보다는 지지율이 높을 것으로 자신한다.
그렇게 되면 자연히 19대 대통령 선거는 (민주당 경선을 이긴) 문재인과 안철수의 대결이 되는 것이다. 안철수의 예언대로 문재인과 안철수의 대결로 이뤄진다면 사람들은 안철수의 예언에 탄복할 것이다.(그리 어려운 예언은 아니지만) 안철수의 '프레임'이 효과를 발휘한 것이다.

지지율이 40% 가까이 되는 문재인(또는 다른 민주당 후보)을과 지지율이 30% 가까이 오른 문재인을 안철수 혼자의 힘으로는 상대할 수 없다.

안철수는 손학규 등을 영입하여 국민의 당에서 경선을 치루며 세력을 확장하려 한다.

하지만 지지율이 낮은 의미 없는 후보들이 손을 잡는다고 해서 큰 파괴력은 없다.

국민의 당 경선에서 안철수가 경선에서 이긴다는 보장은 없다. 안철수를 불편하게 생각하는 호남 국회의원들이 단결하면 안철수는 국민의 당 경선에서 손학규에 패배할 수 있다.

안철수는 자신이 국민의 당을 만들었다고 생각할 것이다.

하지만 호남 국회의원들은 다른 생각일 수 있다.

안철수를 돈대주는 얼굴마담 정도이고 효용가치는 이미 끝났다고 판단할 수도 있다.

손학규가 국민의 당에 오면 안철수의 국민의 당 장악력을 약해질 수 있다.

손학규의 입당이 안철수에게 좋은 선택인지는 두고 볼 일이다.

어쩌면 안철수는 손학규란 호랑이를 집안으로 끌어들였는지 모른다.

지지율이 낮은 안철수는 세력 확장 수단으로 손학규 영입 말고는 다른 방법이 없었다.

국민의 당 경선과 대선 후 안철수의 운명은 어떻게 될까? 흥미롭다

민주당 지지율이 계속 강세이면 대선이 가까워질수록 안철수는 바른 정당 그리고 기타 보수 세력과의 연합을 고려할 수도 이다. 물론 2월 중순 현재 안철수는 바른 정당과의 연대는 고려하지 않고 있다고 공언한다.

하지만 정치는 살아있는 생물이라 어떻게 변할지 아무도 모른다.

안철수는 오랫동안 수구 친 박과 친문재인을 제외한 세력을 '제3지대'에 모아 연대하고 싶어 했다. 사실 문재인을 대적할 방법은 이 방법 외에는 없다.

국민들은 이러한 연대에 대해 안철수가 대통령이 되기 위해서 기득권 세력이나 부정부패 세력과도 손을 잡을 수 있다고 의심할 것이다.
박근혜 정권에 분노한 국민들은 안철수의 애매모호한 연대 방침을 거부할 가능성이 높다.
특히 호남 유권자들이 거부감을 표시할 가능성이 높다.
국민의 당의 기반은 호남이다.
정치인들끼리 연대하더라도 호남 유권자는 안철수와 국민의 당 지지를 철회할 가능성도 있다.

따라서 호남 유권자의 비난이 두려운 안철수는 보수 세력과의 연대를 포기할 가능성이 높다. 그렇게 되면 민주당 후보가 대선에서 승리할 가능선이 높아진다.

'박근혜 퇴진' '탄핵'을 선명하게 외친 이재명은 촛불민심을 얻어 지지율이 올라갔고, 중간지대에서 있던 안철수의 지지율은 하락했다.

이번 대통령 선거에서 이재명과 안철수가 직접 맞부딪힐 가능성은 별로 없어 보인다.
이재명이 안철수와 직접 승부를 겨루려면 민주당 경선에서 이겨 대선 후보가 되어야 하고, 안철수 역시 국민의 당 후보가 되어야 한다.
만일 안철수가 대통령 선거 패배 이후에도 계속 정치를 한다면 언젠가는 이재명과 안철수는 격돌할 것이다.

이재명과 안희정

지지율 1위인 문재인을 제외하면 민주당 내에서 이재명의 경쟁자는 안희정이다.

앞으로 오랫동안 안희정은 이재명에게 위협적인 경쟁자이면서 협력자가 될 정치인이다.

더불어 민주당에는 노무현 대통령을 흠모하는 당원들이 많이 있다. 현재 노무현 지지자들은 문재인과 안희정으로 나눠져 있다. 안희정은 자신이 김대중과 노무현의 유지를 충실히 이행하는 정통 계승자라고 주장한다.

2010년에 충남지사에 선출된 1965년생인 안희정은 "온 청춘을 혁명에 바쳤다."고 회상할 정도로 정치 현장 경험이 풍부하다.

안희정은 열여섯 살 때 학교를 그만두고 트로츠키, 레닌처럼 혁명을 하겠다고 서클을 만든 고등학생 혁명가였다. 고등학교를 두 번 잘리고, 검정고시로 고려대학교 철학과에 입학했다. 대학 때도 학생운동을 하면서 네 번 제적당하고 감옥도 두 번 갔다 왔다. 1994년에 고려대 철학과를 뒤늦게 졸업하고 노무현과 지방자치실무연구소를 만들어 운영했다.

　MBC와 한국경제신문이 2017년 1월 25~26일 여론조사 전문기관인 리서치앤리서치에 의뢰해 진행한 조사에 따르면 안희정의 대선주자 지지도는 7.9%. 문재인 (25.3%), 반기문(16.3%), 이재명(8.5%)에 이어 4위를 기록했다. 1월에 즉문즉답 형식으로 대선출마를 선언한 이후 안희정의 지지율은 가파르게 상승했다.

　리얼미터가 2월 5일에 발표한 여론조사에 따르면, 문재인의 지지율은 31.2%, 안희정 13.0%, 황교안 12.4%. 안철수 10.9%. 이재명 8.6%이다.

　전망가는 안희정의 사고구조, 습성은 보통 사람과는 다르다고 판단한다. 소영웅주의, 지나친 자신감, 왕자병이 강한 특성을 지닌 인물이다. 고등학교 때 혁명을 생각하고 서클을 조직하는 일은 보통사람이 하는 행동은 아니다.

　안희정은 자기중심적 사고가 강한 인물로 보인다. 안희정의 강연이나 대담을 살펴보면 청중을 가르치려는 태도가 나타난다. 높은 자리에서 시민들을 지도하려는 자세도 보인다. 왕자병도 있고 자신에 대한 믿음이 너무 강해 보인다. 지나친 자신감은 강한 자만심과 자아도취로 발전하기 쉽다.

"정치인은 친근한 이웃, 우리가 월급 주고 고용하는 사람, 시민의 대리인, 시민의 머슴, 시민 중 1인이 되어야 한다. 그래야 실질적 민주주의가 가능하고 시민 자치가 작동할 수 있다"라고 머슴 정치인을 강조하는 이재명과는 분명 다른 태도다.

안희정과 같은 태도를 가진 정치인은 겉으로는 소통한다, 다른 사람의 말을 듣는다고 하지만, 결국에는 자신의 의견을 고집하고 관철하려는 의지가 강한 경향이 있다.

안희정은 민주주의와 정당정치에 대한 소신이 뚜렷하다. 직업정치인으로 자부심도 강하다.

안희정은 중앙일보가 마련한 김용옥과의 인터뷰에서 " 저는 직업정치인으로서 존경받고 싶고 신뢰받고 싶어요. 존경까지는 몰라도 꼭 신뢰받고 싶어요. 저는 정말 성실하게 일하고 있습니다. 제가 전국 도지사 중에서 도민의 신뢰도, 지지도가 가장 높다는 것도 오로지 성실함 그 하나 덕분이지요."라고 말했다.

한국의 정치사를 살펴보면 한국의 정치와 정당은 문제가 많았고 지금도 문제가 많다. 최순실 박근혜 게이트도 미성숙한 정당과 정치 문화 때문에 발생한 것이다.

한국사회에서 정당은 다른 조직에 비해 발전이 안 된 조직이다. 안희정은 30년 정당인 경험을 자랑스럽게 생각한다고 말한다. 미개했던 한국의 정치세계와 정당에서 30년 동안 안희정은 뭘 배웠을까 라는 의문이 든다.

안희정의 토론과 강연을 살펴보면 말은 많이 하는데 구체적인 내용이 잘 잡히지 않는다. 자신의 의견을 내세우는 스타일이다. 세밀하고 꼼꼼한 부분은 대충 넘어간다. 총론만 열심히 말하고 각론은 잘 말하지 않는다. 각론을 말하지 않는 사람은 구체적인 계획을 말한 경우는 별로 없다. 반론을 받으면서 본격적인 토론을 한 경우는 별로 없다.

이재명은 각론 부분이 강하다. 전망가의 생각으로는 후보 간 토론 프로그램이 방영되면 이재명이 안희정을 압도할 것으로 예상된다.

이재명과 안희정은 이번 민주당 경선뿐만 아니라 앞으로도 많은 경쟁을 치룰 것이다.

이러한 경쟁관계임에도 불구하고 이재명은 안희정과 협력관계를 잘 구축해야 한다.

민주당이 경선에 결선 투표제를 도입했기 때문이다.

5장. 이재명이 민주당 경선에서 승리하려면

더불어 민주당은 완전 국민경선과 결선투표를 채택한 경선 규칙을 마련했다.

민주당은 선거인단을 박근혜 대통령에 대한 헌법재판소의 탄핵심판 이전(1차)과 이후(2차)로 나눠 모집한다. 선거인단은 반드시 민주당 당원일 필요는 없다. 선거인단을 희망하는 사람은 전화(콜센터), 인터넷, 현장 서류 접수 등 다양한 방법으로 신청할 수 있다.

국내에 거주하는 선거인단은 전국 순회 경선 투표, 전국 곳곳에 설치된 투표소 투표, 모바일 자동응답전화(ARS) 투표 등 3가지 방법으로 투표할 수 있다. 재외국민들은 인터넷 투표로 참여할 수 있다. 이렇게 행사한 1표는 당원과 일반국민이 동일한 비율로 계산된다.

민주당은 100만 명 이상의 일반시민이 국민 경선에 참여할 것으로 예상한다. 일반 시민이 많이 참가하면 할수록 당내 세력의 중요도는 떨어지기 마련이다.

순회 경선이 끝난 뒤 1위 후보가 과반을 넘지 않을 경우엔 1·2위 후보가 결선투표를 실시한다.

2월 초 현재 이재명과 안희정은 각각의 힘으로는 경선에서 문재인을 꺾기가 힘들어 보인다. 하지만 문재인이 순회경선에서 과반 득표를 하지 못하면 이재명(또는 안희정)에게 기회가 생긴다.

결선투표가 도입되었기 때문에 이재명과 안희정이 힘을 합치면 결선투표에서 문재인을 이길 수 있다.

이재명과 안희정이 손을 잡고 서로의 지지자를 합치면 결선투표에서 문재인을 이길 수 있는 것이다.

이재명과 안희정의 연합은 일반 국민들에게도 신뢰감을 줄 수 있다.

기득권 세력의 청산에 미온적인 태도를 보이는 안희정에게 불만을 품고 있는 진보층 유권자들은 이재명의 선명성을 신뢰할 것이다.

이재명의 급진성에 불안한 보수및 중도 유권자들은 안희정의 포용성을 보고 안심할 것이다.

이재명과 안희정이 50대 기수론을 내걸고 공동 연합 정권을 약속하면 둘은 문재인을 꺾을 수 있을 뿐 아니라 대통령 선거에서도 승리할 수 있다.

문재인의 문제집

야권 지지자들 중에서도 문재인을 신뢰하지 않는 사람들이 꽤 있다. 문재인은 유유부단하고, 정무감각이 부족해 말실수를 잘하고, 판세를 제대로 읽지 못한다는 평가를 듣고 있다.

문재인은 박근혜 퇴진을 요구하는 촛불집회가 한 창 일 때 '박대통령이 하야하면 명예로운 퇴진을 보장하겠다' 고 발언했다. 그러자 촛불시민들로부터 "문재인, 당신이 무슨 권한과 자격으로 그런 말을 하느냐" 는 호된 비판을 받았다.

이재명은 문재인에 대해 다음과 같이 말한다. "문재인 후보는 너무 착한 게 문제다. 평화로운 시기라면 성군이 될 사람이다. 하지만 지금은 비상시국이다. 국민은 청산과 새 출발을 원한다. 기득권 세력의 저항을 누르고 개혁을 하려면 관리형 리더십이 아니라 야전형, 전투형, 돌파형 리더십이 필요하다. 나는 돌파할 것이라는 것을 끊임없이 보여줄 것이다." 고 말한다.

이재명은 문재인 후보가 많은 국회의원과 당내 세력을 가지고도 오랫동안 "압도적 제자리"를 지키고 있다고 언급했다. 경선에서 문재인을 이기는 데는 한 달이면 충분하다고 말한다.

용서와 화합에 대해서도 이재명은 확실한 태도를 보여준다. "용서와 화해, 화합은 잘못을 뉘우치고 책임지고 반성하는 사람과 하는 거다. 강도와는 화해하는 게 아니다. 불법 범죄를 저지르는, 불의를 저지르는 사람, 집단과 타협하는 건 아니다."

문재인의 능력에 대해서 의문을 품고 있는 사람이 많다. 문재인은 행정 경험은 노무현 대통령 시절 비서실장 경험뿐이다. 국회의원으로서의 실적도 그리 내세울 만한 것이 없다.

반면에 이재명과 안희정은 시정과 도정을 제대로 수행한 경험이 있다.

탄핵정국이란 야권의 유리한 기회에서도 문재인의 지지율은 30% 근처에 머물러 있다. 시민들은 탄핵정국 동안 문재인보다는 이재명과 안희정에게 더 기대를 건 것이다.

새로운 경선 분위기

그동안 당내 경선이 끝나면 야당 후보자들과 그 지지층은 서로 원수가 되는 경우가 많았다. 결정된 대통령 후보는 경선 기간 동안 같은 편의 송곳 공격으로 망신창이가 되어 버리고, 그 공격은 수구 미디어의 비판거리가 되는 경우가 많았다.

야권 후보자들 사이의 치열한 경쟁은 종종 상대진영의 이간계의 먹이가 되기도 한다.

수구 종이 신문과 권력이 통제하는 방송 미디어들은 경선과정에서 드러나는 야권 후보들의 약점을 연일 크게 보도하여 유권자들 마음속에 '매일 싸우는 야당' 이란 이미지를 심어준다.

당내 경선에선 이겼지만 에너지를 많이 소진한 후보는 정작 본선인 대통령 선거 때는 진이 빠져 선거운동을 제대로 못할 정도였다.

2017년 더불어 민주당의 경선은 이제와는 다른 새로운 분위기가 나타날 가능성이 조금은 보인다.

민주당 내 유력 후보자들이 서로를 존중하는 자세를 보이고 있는 것이다. (아직까지는)

이재명이 대선 출마를 선언하자 안희정 충남지사는 다음과 같은 환영과 격려의 말을 트위터에 남겼다.

"이재명 시장님의 대통령 후보 출마 선언을 환영합니다. 소년 노동자 출신으로 헤쳐 나온 역경과 도전에 큰 존경을 보냅니다. 좋은 정책과 비전으로 우리 민주당의 수권 역량을 함께 발전시켜 나갑시다. 국민의 사랑과 시대의 선택을 받으시길 바랍니다."

안희정이 공식 출마 선언을 하자 문재인은 다음과 같이 환영했다·
"안희정 충청남도 도지사님의 출마선언을 환영합니다. 우리는 One Team! 언제나 동지입니다. 후보가 누구든, 우리는 이깁니다. 멋진 경선 기대합니다."

문재인의 환영에 대해 안희정은 다음과 같이 응답했다:
"후보가 누구이든 우리가 이깁니다"라는 말씀으로 저의 출마 선언을 환영해주신 문재인 고문님께 감사드립니다. 민주주의 정당인으로서 고문님의 넉넉한 덕담에 존경의 인사를 올립니다. 민주당 경선은 아름다운 경선–그 자체로 새로운 대한민국을 만들

것입니다."

 이재명 역시 지지자들에게 "당내 경쟁자와 그 지지자들도 우리가 이긴 후에 함께 해야 할 동지들"이라며 "경선에서 경쟁하되 전쟁하지 말아야 한다. 이기기 위해 경쟁의 품격을 지켜야 한다."고 부탁했다.

 아직까지는 이재명, 문재인, 안희정이 주고받는 덕담을 보면 2017년 민주당 경선은 치열하지만 서로에게 큰 상처를 주지 않으면서 진행될 수도 있다는 예측도 가능할 것 같다.

 이런 분위기로 볼 때 이재명과 안희정이 경선결과를 불복해서 탈당할 가능성은 별로 없어 보인다.

 이재명은 민주당 경선에서 승리한 자신을 가지고 있다.
 민주당 당내 기반이 취약해서 경선에서 불리하지 않으냐는 질문에 이재명은 경선은 당원뿐만 아니라 일반시민이 참여하는 완전 경선이기 때문에 당내 세력보다는 일반 시민이 더 영향력을 발휘할 것이라고 믿는다.

 이재명은 한 라디오 인터뷰에서 여론조사 결과와 경선결과는 다른 결과가 나올 것이라고 자신했다. "여론 조사는 5000만 국민을 대상으로 누가 대통령에 적합 하느냐고 질문하는 거라면,

경선은 격렬하게 변하기를 바라는 적극적 지지자가 참여하여 꼭 대통령이 되어야 하는 후보를 찍는 행위"라고 말한다.

고 노무현 대통령의 측근인 문재인과 안희정은 둘 다 노무현 지지층으로부터 지지를 받고 있다. 문재인이 순회투표에서 과반을 얻지 못하면 이재명과 안희정에게 기회가 온다.

이재명과 안희정은 서로의 표를 더하면 민주당 경선에서 문재인을 이길 수 있을 뿐만 아니라 이재명 + 안희정의 공동정권을 탄생시킬 수 있다. (사실 이 정권은 민주당 정권이다)

누구를 최종후보로 할 것이냐, 누가 대통령 후보로 나설 것이냐를 두고 이재명과 안희정의 의견이 대립될 수 있다. 상이한 의견을 조정하는 것이 바로 정치이다.

이재명과 안희정의 정치력에 기대를 걸어본다.

안희정과 이재명이 손을 잡아도 지지자들이 그대로 따를 것인가도 생각해볼 문제다.

안희정과 그 지지자들이 냉정하게 판세를 본다면 이재명과 손을 잡고 공동정권을 탄생시키는 것이 문재인을 지지해서 문재인 정권을 탄생시키는 것보다 정치적으로 훨씬 좋은 선택임을 알 것이다.

6장. 이재명의 선거공약

이재명은 공정한 나라 건립을 대통령 선거 출마 공약1호로 내세웠다.

대통령 선거 때마다 후보들은 높은 경제 성장률을 달성하겠다고 약속했다. 이명박 대통령은 소위 747 공약을 내세웠다. 국내 경제성장률을 7%로 높이고, 국민소득 4만 불 시대를 열고, 세계 7위권의 선진대국을 만든다는 공약이었다. 물론 이 공약은 지켜지지 않았다. 애당초 지켜질 수 없는 공약이었다.

이재명의 일자리 공약

이재명은 높은 경제 성장률을 대선 공약으로 약속하지 않는다. 이제까지 한국의 성장은 소수가 성장의 몫을 대부분 차지하는 구조였다고 주장한다.

이제는 경제 패러다임을 바꿔 모든 국민이 함께 성장해서 가계의 몫, 가계의 가처분 소득이 늘어나는 성장을 추진해야 진짜 성장이라고 강조한다.

일자리 창출에 대해 이재명은 노동조합을 보호하고 부당하게 근무시간을 초과해 일을 시키는 불법 노동 행위를 제대로 감시만 해도 일자리가 늘어난다고 주장한다.

기업이 근로자에게 야근을 시키면 임금의 1.5배를 줘야 하는데 그 규정을 지키는 기업은 거의 없다고 한다. 그래서 기업은 새로 사람을 고용할 생각을 안 하고, 현재의 근로자를 싼 임금으로 부려먹기만 한다고 주장한다.

이재명은 정부가 근로기준법을 엄격하게 준수하도록 지도만 하면, 기업은 추가노동에 대해 임금을 올리거나, 인력을 추가 고용을 하게 되어 최대 260만개까지 일자리가 생겨날 것이라고 예상한다.

이 시장은 한국 경제의 특권적 지배구조를 청산하고 노동자들의 권리를 보장하는 방안이 필요하다고 말한다. 공정한 경제 구조를 만들려면 우선 부당한 내부거래와 중소기업을 착취하는 재벌체제를 개혁해야 한다고 주장한다.

외교에 대해서 이재명은 '국익 중심의 자주적 균형 외교'를 강조한다.

현재 대한민국은 해양세력과 대륙세력의 틈바구니에 끼어 있어 그 어느 때 보다 자주적 균형외교를 해야 하는데, 그걸 못하고 종속적인 외교만 일삼다 보니 중국에는 견제, 미국에는 굴종, 일본에는 굴욕을 당하고 있다고 설명한다.

이재명은 대통령이 되면 자주적 균형 외교를 정착시키겠다고 공언한다.

이재명의 국방안보정책의 목표는 다음과 같다.

1. 전쟁을 막고, 평화를 확대하고, 궁극적으로 통일을 해서 한

반도에서 전쟁의 위협을 근원적으로 제거하고 막는 것
  2. 남북관계를 발전시켜 경제발전 성장의 토대로 삼는 것
  3. 동족으로 함께 살아갈 인도적 의무를 인식한다.

이재명은 병역 의무 개선방안으로는 전문전투병 제도를 제안한다.

43만 의무 징집병 중 23만 명을 급여를 주는 무기장비전문 전문전투병 10만 명으로 대체하면 큰 비용 없이 전투력이 향상된 스마트 강군화를 이룩할 수 있고, 10만개의 청년 일자리를 창
  출할 수 있다고 한다. 그리고 의무복무기간을 절반으로 단축이 가능하다고 주장한다.

기본소득

전 국민에게 기본소득을 지급하겠다는 기본소득 공약은 이재명 공약 중에서 논란이 많이 되는 공약이다.

이재명식 기본소득은 '필요 계층에 대한 기본소득'과 '전 국민 기본소득'으로 나뉜다.

기본 소득 지급에 필요한 재원은 예산 구조 조정과 대기업과 고소득자에 대한 증세와 국토보유세 신설을 통해 마련하겠다고 한다.

먼저 정부 예산 400조 원 중 7% 가량의 예산 구조조정을 통해 28조원을 마련하고, 이 금액을 국민들 중 가장 기본소득이 필요한 계층인 0세부터 29세, 65세 이상, 장애인, 농업인 등 총 2800만 명에게 연간 100만원씩을 지역 상품권으로 지급한다는 것이다.

지역 상품권은 특정 지역 소상공인 점포에서만 교환 가능한 상품권이고 이 상품권은 재래시장 골목상권을 활성화시켜 자연히 경제 활성화에 기여한다고 주장한다.

국토보유세는 부동산에 의한 불로소득 문제를 해결하기 위해 도입된 개념이다. 이재명은 대한민국의 자산 중 불로소득이 400조원이 넘고, 이 중 토지 자산이 차지하는 비중이 300조에 달한다고 주장한다.

국토보유세는 종합부동산세를 없애고 국민 모두가 토지에 대한 세금을 내게 하는 세금인데, 상위 5%에게만 부담이 돌아가고 95%의 대다수는 낸 세금다 더 많이 돌려받게 한다는 구상이다. 국토보유세를 통해 약 15조원 이상의 예산을 확보하여 전 국민에게 '토지 배당' 30만원을 '지역 상품권'으로 지급할 계획이다.

매년 43조의 기본소득 상품권과 토지배당 상품권과 같은 '지역 상품권'이 지역 상권에 유통된다면 560만 골목 상점이 매출이 활성화되어 지역 경제, 서민 경제, 가계 경제가 살아날 것이라고 주장한다.

이재명은 현대 민주사회에서 대중이 요구하는 리더십은 서번트(머슴)리더십이라고 강조한다.

그는 선출직인 시장, 대통령은 대리인이라고 주장한다. 그는 10월 29일 촛불집회에서 대통령은 대리인이기 때문에 국민이 해고 할 수 있다고 주장했다. 그는 국민이 주인이라는 신념을 가지고 있다.

7장. 이재명의 미래

황상민 전 연세대 교수는 이재명을 가리켜 '새로운 기대를 갖게 하는 사람' 이라고 말했다.

이재명은 기존의 정치인들과 다른 면을 가지고 있다.

섬세하고 꼼꼼하게 정책을 챙기는 실무형이면서도 배짱과 용기를 가진 돌격형 정치인이다.
두뇌가 명석해서 명확한 메시지를 창달하고 전달할 줄 안다. 토론 능력도 우수하다.
권위를 내세우지 않으며 솔직, 소탈하며, 세월호 유가족 같은 약자의 아픔을 느끼는 공감능력도 뛰어나다.
판세를 정확히 읽는 동물적 감각이 있으며 과감한 결단력과 추진력도 갖추고 있다.
책으로 읽은 지식이 아니라 몸과 경험으로 체화된 경험이 축적되어 있다.

이재명의 약점은 가족간의 불화, 셋째 형 부부와의 불화이다. 형수에게 욕설을 퍼붓는 녹음 파일도 인터넷에 떠돈다.
이재명은 공직자의 청렴성을 지키기 위해 시장인 동생을 이용하려던 셋째 형과 의절까지 했다고 주장한다. 이재명의 단호함과 강한 멘탈을 엿볼 수 있는 사례다.

사실 공직자는 자신의 가족, 친인척과의 관계를 깨끗이 해야 한다.

노무현 대통령과 이명박 대통령도 형님들을 제대로 관리하지 못해 큰 사단이 일어났다.

이재명은 공직자 청렴함 때문에 친형과 의절을 할 정도로 단호하게 대처했다.

하지만 그런 강한 의지를 한국인들이 잘 이해하고 환영할지는 두고 볼 일이다.

이재명을 위험하게 보는 한국의 수구 세력과 그들의 통제를 받는 미디어들은 이 약점으로 지속해서 이재명을 공격할 것이다. 수구 미디어들의 융단 폭격에 한국인들은 쉽게 넘어갈 수 있다.

한국 사회는 가족 간의 화목을 최우선의 가치로 생각하고 좋은 게 좋은 거라고 생각하는 경향이 있다. 집안일도 잘 처리 못하는 사람이 어떻게 큰일을 할 수 있느냐는 봉건적인 생각을 하는 사람이 여전히 많이 있다.

여전히 한국 사회는 공적가치 보다는 사적 관계와 가치를 더 중요하게 생각하는 봉건적인 사고에 젖어있다.

번듯한 가족에서 자란 사람을 대통령으로 선호하는 경향을 볼 때 이재명의 가족은 약점이 된다. 이재명의 형제자매들은 요양보호사, 청소회사 직원, 야쿠르트 배달원, 환경미화원 등으로 일하고 있다. 환경미화원이었던 동생은 2014년 뇌출혈로 사망했다. 광부로 일했던 큰형은 일용 노동자로 일하다 사고를 당해 다리를 절단했다.

이재명 가족들은 모두들 열심히 살아가는 사람들이다.

자신의 계급성에 대한 자각이 부족하고 집안배경을 따지는 대부분의 한국인들은 이재명의 가족들을 무시할 가능성이 크다.

박근혜-최순실 사태이후 한국 사회에서는 많은 분야에서 권위가 사라지고 있다.
명문대 교수와 교수출신 관료와 정치인들이 부정부패와 비리로 쇠고랑을 차고 감옥에 들어가고 있다.

부패한 고관대작이나 그런 집안 출신보다 평범하지만 자기 분야에서 열심히 살아가는 평범한 사람들의 삶이 더 중요하다는 것을 깨닫는 사람들이 늘어난다면 이재명의 도전은 인정을 받을 수 있다.

이재명의 두 번째 약점은 민주당내의 기반이 약하다는 점이다.

더불어 민주당은 노무현 지지자들이 주류를 이루는 당이다. 이들은 문재인이나 안희정을 지지한다. 이들의 지지를 뚫기는 그리 쉽지는 않아 보인다.

"이재명은 정말 보석인데 아직 캠프, 세력이 너무 빈곤하구나를 느낍니다. 그 사람 자체의 능력과 세가 합세해야 정치는 할 수 있는 거군요.. 아. 이재명님을 사람들이 언제 알아봐줄까요ㅜㅜ" 이재명의 열세에 안타까운 네티즌이 쓴 글이다.

민주당 순회 경선에서 이재명이 독자적인 힘으로 과반의 득표를 차지해 문재인을 이길 가능성은 매우 낮다. 안희정도 마찬가지다.

하지만 이재명과 안희정이 손을 잡으면 문재인을 능가할 수 있다.

민주당 1차 경선에서 과반수를 못 얻은 문재인이 1위, 이재명이 2위, 안희정이 3위라는 결과가 나온다면 이재명과 안희정이 50대 기수론을 내걸고 협력하면 승기를 잡을 수 있다.

이런 순위 변화에도 불구하고 이재명은 당내 경선에 자신 있다고 주장한다.

상업미디어가 조사하는 여론 조사는 대부분 일반 시민을 대상으로 한다. 이들은 미디어가 제공하는 제한된 정보를 가지고 그저 원만한 사람을 대선 후보로 응답하기 마련이다.

하지만 민주당 경선은 권리 당원을 비롯해서 일반 시민이라도 정치적 감수성이 매우 높은 사람들이 적극적으로 참여하는 정치적 행사다. 기본적으로 진보적이고 야권 지지성향의 사람들이 집합하는 정치적 행사이다.

적극적 지지자가 많으면 당내 세력과 관계없이 인물이 후보자가 될 수 있다.

민주당 경선 참여자들에게 이재명이 적절하게 노출되면 이재명 특유의 장점이 발휘될 것으로 기대된다.

이재명이 민주당 경선에서 대통령 후보로 선출되지 않더라도 이재명의 미래는 나쁘지 않다. 경선에서 높은 득표를 얻으면 민주당에서 확고한 위치를 차지할 것이다. 대통령 후보에 자신의 공약을 채택하도록 영향력을 행사할 수도 있다.

민주당이 19대 대통령 선거에서 이기면 이재명은 장관, 서울시장, 국무총리 등으로 중용될 가능성도 있다.

이재명은 이런 자리를 통해 국가 운영의 경험을 쌓을 수 있으며 이러한 경력은 다음번 대통령 도전에 매우 도움이 될 것이다.

그리고 헌법 개정을 요구하는 목소리가 높기 때문에 19대 대통령 임기 동안에 개헌을 할 가능성도 있다. 헌법 개정이 이뤄지면 19대 대통령의 임기는 단축되어 20대 대통령 선거는 예상보다 빨라질 수 있다.
이재명은 20대 대통령 선거에서도 막강한 파워를 가지고 있을 것이다.

만 12세 어린 나이로 중학교 진학을 포기하고 공장에 다녀야만 했던 소년 이재명.
중학교, 고등학교를 검정고시로 마친 소년 이재명.
판검사의 길을 마다하고 약관 27세의 나이로 인권 변호사를 선택한 이재명.

섬세하고 꼼꼼하면서도 명확한 메시지와 과감한 돌파력을 자랑하는 정치인 이재명이 행동하는 모습을 보면 인간의 잠재력은 깊고도 넓다는 것을 알게 된다.

나가며

헌법재판소는 박근혜 대통령 탄핵을 인용할까? 기각할까?
헌법재판소는 그 결정을 언제 내릴까?
전망가는 2016년 11월부터 이 두 가지 질문을 계속해왔다.

3월 중순까지는 박대통령 탄핵이 인용될 것이라고 가정 하에 이 책을 썼다.
약 80%의 한국인들이 박대통령의 탄핵을 지지하는 것으로 나타난다.
전망가도 탄핵이 인용될 것을 기대한다.

하지만, 여전히 아래의 가능성도 있다고 생각한다.
"헌법재판소는 박대통령의 탄핵을 기각하고,
복귀한 대통령은 보수 후보가 유리한 환경을 만들어 놓고 자신은 형사 처벌을 받지 않는 조건으로 하야한다."

탄핵이 기각되면 격동의 파도가 몰아치고 대한민국이 겪을 혼란은 예상하기 힘들다.
문제는 국가의 물리적 강제력이 어떻게 움직이느냐에 달렸다.

탄핵이 인용되면 어느 정도의 혼란은 있겠지만 그런대로 수습될 것이다.

개개인의 한국인들은 우수하다.
하지만 정치 문화와 일부 한국인들은 봉건 왕조적이고 전근대적이다.

봉건 왕조 시대 마음으로 살고 있는 일부 한국인들이 대한민국의 발목을 잡고 같이 죽자고 소리치고 있다.

대한민국의 앞날은 결코 밝지 않다.

2017. 2
강지호와 전망가들

부록: 인간 이재명이 살아온 길

소년 이재명

어린 시절 이재명은 흙수저도 아닌 '무수저'의 삶을 살았다. 경상북도 안동시 도촌리 지통마을의 가난한 집안의 5남 2녀중 다섯째였다.

대학을 중퇴한 아버지는 여러 사업을 하다 잘 안 풀려 지통마을로 들어왔다.

어렸을 때 친구들은 소매에 코를 쓱 닦던 코찌질 재명이를 기억한다.

소년 이재명은 어렸을 때 유독 코를 많이 흘러 코찌질이라고 불렸다. 어른이 되어 이재명은 '먹는 게 부실하면 코를 많이 흘린다네요' 라고 회상한다.

코찌질이 소년 이재명은 운동신경이 좋았다. 촉각이 뛰어나 맨손으로 물고기도 잘 잡았다. 바위 아래에 어떤 고기가 들었는지 알아맞혀 족대왕, 어신이라고 불렸다고 한다.

소년 이재명은 집에서 5Km 떨어진 삼계 초등학교를 산길로 걸어 다녔다. 착실하고 공부를 잘했지만 고집 세고 반항적인 소년이었다.

어렸을 때도 할 말 다하는 성격이라 대쪽이라는 별명을 가지고 있었다.

이재명의 초등학교 시절은 그리 행복하거나 즐겁지 않았나 보다.

가난했던 초등학교 시절, 선생님은 소년 이재명과 친구들에게 밭에서 보리이삭을 한 되씩 주워 가지고 오라고 시켰다.
아무리 밭을 열심히 뒤져도 이삭 한 되를 절대 주울 수 없었다.
결국 아이들은 집에서 부족한 부분을 채워 학교에 가져가야 했다.
집이 가난했던 이재명은 할당량을 채우지 못했다.
그럴 때 마다 매를 맞았다.
미술도구도 제대로 준비 못해 화장실 똥을 푸는 벌을 받았다.

선생이란 사람들이 아이들이 저지르지 않은 가난이란 죄를 매와 벌로 다스리던 시절이었다.

학교 다닐 때 이재명은 선생님이 되고 싶었다.
하도 많이 맞아서 선생님이 되어 마음껏 때려 보고 싶다는 생각이 들었다고 한다.
 그러나 어려운 집안 형편 때문에 중학교 진학은 힘들 거란 사실을 잘 알고 있었다.

 힘든 초등학교 시절에 이재명이 평온함을 느낀 곳은 삼계 초등학교 교무실 옆에 있던 작은 도서실이었다.
 이재명은 그 작은 도서실에 있던 어린이 권장 도서를 모조리 읽으면서 정신적 허기를 채웠다.

 나이가 조금씩 들면서 소년 이재명은, 의도하든 의도 하지 않던, 돈이라는 울타리의 안과 밖은 누군가에겐 크든 작든 아픔을 준다는 것을 깨달았다.

 어릴 적 빵집 유리창 너머의 빵들이 그랬고, 공장으로 출근하는 길에 지나치던 측백나무 중학교 울타리가 그랬다고 한다.

 가난하던 시절 이재명의 엄마는 우연히 점쟁이를 만났다. 점쟁이는 소년 이재명을 한참 보더니 이 애를 잘 키우면 나중에 호강할 거라는 말을 엄마에게 했다.

 가세는 계속 기울어져 소년 이재명의 가족은 결국 지통마을을 떠나 성남으로 이주했다.

지금의 상대원 시장 뒷골목, 반 지하 단칸방에서 온 식구가 살게 되었다.

아빠는 시장 청소부로 일했고 엄마는 시장 공중 화장실 청소를 하면서 요금 받는 일을 했다.

12세 공장 노동자

1976년 만 12세 소년 이재명은 어려운 가정 형편 때문에 중학교를 못가고 작은 목걸이 공장에서 일을 하기 시작했다. 이름도 없는 무허가 공장이었다.

목걸이 납땜을 하면서 한 달 월급 1000원을 받았다.

8월에는 좀 더 많은 돈을 주는 공장으로 옮겼으나 소년 이재명은 모터벨트에 왼손이 감겨, 왼쪽 중지를 다쳤다. 그런데 사장이 야반도주해서 석 달 치 월급을 받지 못했다.

이듬해에는 아주냉동이라는 냉장고 조립 공장에 취직했다. 그곳에서 소년 이재명은 함석을 자르다가, 손등이 찢어져 뼈가 드러나는 사고를 당한다. 그것도 두 번씩이나.

열악한 환경의 공장에서는 끔찍한 산재사고가 잇달아 일어났다.

하루는 옆자리 동료의 손가락이 절단기에 잘려나갔다. 잘려진 손가락은 공장 바닥에서 꿈틀거렸다. 이재명보다 한두 살 많은 직공은 바닥에 떨어져 꿈틀대는 손가락을 잡더니 희죽거리며 웃었다. 그리고는 아무렇지도 않게 잘린 손가락을 때 묻은 검은 봉지에 넣고 병원으로 갔다.

바닥에서 꿈틀거리는 손가락을 자주 꿈에 나타나 소년 이재명은 공포에 떨었다. 이 공장을 계속 다니면 언젠가는 다치겠다는 생각이 들어 야구 글러브와 스키 장갑을 만드는 공장으로 옮겼다.

새로 옮긴 장갑 공장의 작업환경도 마찬가지로 열악했다.

소년 이재명은 곁눈질로 선배 기능공의 기술을 익혀 열다섯 나이에 프레스 기계를 다루는 기능공이 되었다. 월급은 1만 3천원으로 뛰었다.

프레스는 위험한 기계다. 한순간의 실수로 몸이 으스러진다. 소년은 절대 다치지 말아야한다고 조심에 조심을 거듭했다.

하지만 아무리 애써도 쏟아지는 잠을 이길 수 없었다. 힘든 노동과 부실한 식사 때문에 몸은 자꾸 약해졌다. 허약한 몸으로 고된 노동을 하다 보면 생명을 위협하는 무서운 기계 앞에서도 꾸벅꾸벅 졸기 일쑤였다.

결국 사고가 터졌다. 왼쪽 팔이 프레스 기계에 낀 것이다. 처음엔 조금 아프기만 했다. 큰 사고가 아닌 것 같았다. 그때는 아파도 일하는 게 당연한 시절이었다. 죽지 않으면 일을 해야 했던 시절이다.

제대로 치료받지 못한 왼쪽 팔 안에 골절된 뼈는 성장판이 손상되어 있었다.

다른 쪽 뼈는 계속 성장했다. 팔이 점점 비틀어졌다.
결국 장애자가 됐다. 6급 장애인이 됐지만 보상은 한 푼도 못 받았다.

소년 이재명은 팔을 다쳤지만 계속 일을 해야 했다.

10시까지의 야근, 새벽 2시까지의 철야 작업이 수시로 있었다.
야근이나 철야를 하는 날이면 회사에서는 저녁으로 생라면을 한 개씩 줬다.
통금이 있던 시절이라 2시까지 철야를 하면 4시 통금이 해제될 때 까지 작업대 위에서 잠을 잤다.

소년 이재명은 작업대에서 누워 어두운 천정을 보면서 자신의 미래를 그려봤다.
왼팔을 다친 장애인이기 때문에 공장 일을 하기가 점점 힘들었다.

앞으로 몸을 쓰는 일만으로는 살아가기 힘들 거란 생각이 들었다. 본능적으로 돌파구를 마련해야 한다는 생각이 들었다.

이재명은 아침저녁으로 야구 방망이로 아이들의 엉덩이를 타작하던 반장 형이 생각났다. 그 형은 고등학교를 졸업했다. 이재명은 고등학교 졸업장이 필요하다고 생각했다.

초등학교만 졸업하고 왼팔마저 다친 자신이 새로운 삶을 살기 위해서는 공부 외에는 다른 방법이 없다는 것을 깨달았다. 공부를 해야겠다는 생각이 들었다.

소년 이재명은 1978년 4월 만 열다섯에 고입검정고시 학원에 등록했다.
20원 정도 하던 차비가 아까워 3킬로미터 떨어진 학원을 매일 걸어 다녔다.

그때 같이 공부한 지인들은 소년 이재명은 늘 표정이 밝았고 찡그린 얼굴을 하지 않았다고 한다. 말이 무척 빨랐고 공부해서 성공하겠다는 일념이 아주 강했다고 회상한다.

고된 일을 마친 이재명은 단칸방에서 8촉 짜리 백열등을 켜고 공부했다.

친구들은 이재명은 외우는 재주가 아주 비상했고 그렇게 독하게 공부하는 놈은 처음 봤다고 한다. 이재명은 그때부터 사회를 보는 눈이 남들과는 다르고 자기주장이 강해 친구들과 가끔 의견이 충돌했다.

공부시작한지 3개월 만에 이재명은 중학교 검정고시를 합격했다. 이재명에게는 작지만 소중한 성취였다. 이재명은 공부에 소질이 있다는 것을 알았다.

기억력이 좋은 건 이재명 집안의 내력이다. 이재명 형제들은 가난했지만 기억력은 모두 좋았다.

이재명은 오리엔트 시계공장을 다니면서 대학 입학 자격 검정고시를 준비했다.

공부 때문에 야근을 하지 않으니까 미움도 받았다.
공장 선배들은 "공부한다고 출세할 줄 아냐?"고 이재명을 비웃었다.

 공부장소와 시간을 마련하기 위해 시계 제조 공정에서 제일 힘든 도금 공정을 맡았다.

밀폐 공간에서 스프레이로 시계 문자판을 도금하는 작업이었다.

이재명은 공부하는 시간을 벌려고 작업을 일찍 끝내고 화학 약품이 가득찬 방에서 공부를 했다. 밀폐되고 독립된 공간이라 사람들로부터 방해 받지 않고 공부할 수 있었다.

하지만 독한 화학약품 때문에 소년 이재명의 코는 망가져갔다. 후각 능력 55%를 이때 상실했다.

공장에서 일하며 고등학교 과정을 공부했다. 공장 일이 끝난 뒤 단칸 셋방 앉은뱅이 재봉틀 위에서 쏟아지는 잠을 쫓으며 미적분을 풀었다.

적은 월급을 쪼개서 대학입시 단과 학원인 성남 성일학원을 등록했다.

고된 공장 일을 마치고 책을 보면 저절로 고개가 숙여지고 눈이 감겼다.
쏟아지는 졸음을 쫓으려고 독한 방법을 사용했다.

볼펜심을 끄집어내어 두 손으로 잡고 얼굴위에 곧추 세웠다. 졸다가 볼펜심에 찔려 깜짝 놀라 잠이 깨면 다시 자세를 바로 잡고 공부를 했다. 정말 독하게 공부했다.

몸은 혹사해도 어느 정도 견딜 수 있었다.

하지만 모래알처럼 빠져 나가는 돈은 도저히 막을 수 없었다.

저금한 돈이 다 떨어져 학원을 더 이상 다닐 수 없었다.
결국 원장 선생님에게 돈이 없어 학원을 다닐 수 없다고 말했다.
뜻밖에도 김창구 원장님은 무료로 다니라고 했다.
그때 선생님은 " 재명아. 너는 가능성이 있어. 조금만 더 해봐" 라고 격려해주셨다.

어른이 된 이재명은 아직도 은사의 격려가 귓가에 맴돈다.
"일단 공부를 해야 한다" "너는 다른 놈이다. 널 믿어라."

기름때 가득하고 삭막한 콘크리트 정글에서 처음 맛본 배려와 따뜻한 사랑이었다.

김창구 선생님을 통해 이재명은 삶이란 사랑이란 걸 깨달았다.

독하게 공부한 이재명은 마침내 1980년 대입자격 검정고시에 합격했다.
본격적으로 학력고사와 본고사를 준비하기 위해 신답동 근처에 있는 삼영 대입학원에 등록했다.
공장 일을 마치고 저녁 7시부터 10까지 학원수업을 들었다.
너무 힘들었다. 체력적으로 너무 힘들고 절대적으로 시간이 부족했다.

　조는 시간이 아까워 압침을 사용했다. 독서실 책상에 압침을 거꾸로 붙여놓았다.
　책을 보다가 꾸벅 졸면, 가슴이나 팔에 압침이 찔렸다. 잠이 깨면 다시 책을 잡았다.
　몸이 익숙해지자 압정도 소용없었다. 몸에 압침을 두 개나 꽂고도 잠이 들기도 했다.

　훗날 이재명은 "그때 정말 목숨을 걸고 공부했다"고 회상한다. "산재사고 당하고 팔이 비틀어진 장애인이 됐으니까 탈출구가 없었습니다."

　입시 준비를 위해 대학이냐 공장이냐를 선택해야 했다.
　결국 학력고사에 전념하기 위해 오리엔트 공장을 그만두고 독서실을 다녔다.

　독서실에서 통금이 해제되는 새벽 4시까지 공부하고 집으로 돌아와서 잠깐 눈을 부친 다음 다시 공부하는 강행군을 계속 했다.

　열심히 공부한 덕에 학과 성적은 올랐지만 체력장은 이재명에게 악몽이었다.
　프레스에 깔려 비틀어진 팔 때문에 턱걸이를 한 개도 하지 못했다.
허약한 체력 때문에 윗몸 일으키기는 30번도 못 넘겼다.

독학생 이재명에게 체력장만 힘든 게 아니었다.
당시 대학에서 출제하던 주관식 본고사도 어려운 난제였다.
객관식 문제인 학력고사는 학원수업으로 어느 정도 따라갈 수 있었지만 주관식 본고사는 혼자 힘으로 준비하기 힘들었다.
그래도 이재명은 포기하지 않고 이를 악물고 공부했다.

이재명에게 행운을 안겨준 사람은 의외로 독재자 전두환이었다.
광주학살로 정권을 잡은 전두환은 수험생의 부담을 덜어준다는 명목으로 대학별 본고사를 폐지했다.
1981년부터 학력고사 성적으로만 대학을 들어갈 수 있게 된 것이다.

본고사가 폐지되자 대학들은 학력고사 성적이 우수한 학생을 장학금을 주고 뽑기 시작했다. 전국 응시생들은 1등부터 63만등까지 등수가 매겨졌다.
사립대학들은 전국 등수 몇 등 이상 되는 학생에게 등록금은 면제하고 생활비까지 지원해주는 장학 제도를 만들었다.

목숨 걸고 공부한 이재명은 보상을 받았다.
1982년에 중앙대 법학과에 입학했다. 대학 3학년까지 등록금을 면제해주고 월 20만원의 생활비까지 줬다.

그때 이재명의 학력고사 점수는 285점, 전국 석차는 3041등이었다 (전국 2000등 안에 드는 성적이었다는 주장도 있다)

당시 전국 등수 5000등 안에 들면 서울대에 들어갈 수 있었다. 서울대 법대-경영대-사회대 합격예상 점수가 285-294점이었다.

화학약품 가득 찬 공장에서 월급 8만원 받던 공돌이 소년은 한 달에 20만원씩을 장학금을 받는 대학생이 되었다.

장학금을 받은 이재명은 그 돈을 쪼개 셋째 형이 공부하도록 도왔다. 이재명의 장학금으로 셋째 형은 공인회계사가 될 수 있었다.
훗날 셋째 형은 이재명 시장과 사이가 안 좋아져 이시장을 공격하는 사이가 된다.

이재명은 처음부터 사법시험을 염두에 두고 중앙대 법학과를 선택한 것은 아니다. 합격점수가 가장 높은 과라서 선택했을 뿐이다. 대학에 입학해서야 사법시험을 알게 되었다.

대학에 입학한 이재명은 광주 민주화 항쟁의 진실을 알고 충격을 받았다.

학살의 진상을 알게 되면서 이재명의 삶이 바뀌었다.

진실을 알기 전까지 이재명은 광주항쟁은 북한을 따르는 폭도들이 저지른 폭동이라고 믿었다. 스스로 "그 새끼들 가만 놔두면 안 돼." 라고 수없이 떠벌리고 다녔다.

정권과 정권의 나팔수였던 미디어들이 선전하는 것을 그대로 믿었던 것이다.

그때 속아 살았던 자신을 회상하며 이재명은 다음과 같이 말한다. " 내 스스로가 너무 창피하고 또 너무 억울하고 한심하고 정말 미치겠더라고요. 잘못된 정보를 계속 주입해서 조작한 거죠. 제 인생을 훔친 겁니다. 제 삶을 훔친 겁니다. 내 삶이 내 것이 아니었잖아요. 그래서 그걸 바꾸고 싶었던 게 제 꿈이었습니다."

이재명은 민주당 대선 예비후보에 등록하고 광주 국민 5.18 민주묘지를 참배하면서 다음과 같이 말했다. "광주 518 민주화 운동은 일베(극우성향이란 뜻) 였던 이재명이라는 대학생을 사회운동으로 일생을 보내도록 바꾸어준 사회적 어머니입니다."

광주 항쟁의 진실을 알게 된 이재명은 학생운동에도 기웃거렸다. 운동권 학생들도 현장 노동자 출신이면서 명석한 두뇌를 가진 대학생 이재명을 환영하였다.

하지만 이재명은 운동권 말고 다른 선택을 하였다.

이재명은 "운동권의 유혹이 있었지만. 젊은 날에 유인물 뿌리고 감옥 가는 것보다 좀 더 큰일을 해보고 싶었다."고 회상했다.

법학과에 들어가 사법고시의 가치를 알게 된 이재명은 사법고시에 매진한다.

신림동 산꼭대기에 있는 청운 고시원에서 2년 동안 사법고시를 준비한 이재명은 3학년 때 사법고시 1차를 합격하고 4학년 때 2차를 떨어진다.

그리고 1986년에 28회 사법시험에 합격한다.

이재명은 사법 연수원(18기)을 다니는 중에도 "대법원장 인준 반대운동" 등 사법개혁을 요구하는 연수생 서명에 주도적으로 참여하고, 노동운동 시원단체인 '석탑'과 YMCA 시민중계실에서 자원 봉사활동을 하였다.

바쁜 활동 중에서도 검사로 임용될 수 있을 정도의 우수한 성적을 거뒀다. 하지만 이재명은 인권 변호사의 길을 선택했다. 당시 정권을 잡은 군부 독재 정권 하에서 검사가 되고 싶지 않았다.

이재명의 연수원 기수 모임에는 연수원 마치면 판검사 되지 말고 한 지역씩 맡아 지역운동하자는 언더서클 모임이 있었다.

이재명은 동기들의 격려와 도움으로 성남에서 28살에 변호사 사무실을 개업했다. 민주사회를 위한 변호사 모임 활동도 열심히 했다.

"혼자는 되게 외로웠을 텐데 새파란 나이에 판검사 발령 안 받고 그런 용기를 얻게 된 것도 동기들 덕이죠" 라고 회상한다.

어려운 환경을 이겨내고 성공한 사람 중에는 어렵게 지낸 시절을 치욕으로 생각하고 지우려하는 사람도 있다. 힘든 삶을 살다 생활이 윤택해진 정치가들이 어려운 사람들을 외면하는 경우도 많다. 자신은 노력해서 그 삶을 빠져나왔는데 아직도 그런 삶을 사는 사람은 게을러서, 모자라서 그렇게 살고 있다고 단언한다.

판, 검사가 될 수 있었던 이재명은 개인의 영달을 추구하는 삶보다는 공동체를 위한 삶, 좀더 나은 사회를 만드는 활동에 뛰어들었다.

이재명은 시민운동에 적극적이었다. 몸을 안 사리고 싸웠다. 여러 사건 사고를 거치면서, 정치가 시민운동을 확장하는 수단이라고 믿고 정치에 도전하였다.

첫 정치 도전으로 2006년에 성남시장 선거에 출마했지만 낙선하였다.

2008년에는 국회의원에 출마했다가 낙선하였다.

마침내 2010년에 48세의 나이로 민선 5기 성남시장에 당선되었다.

이재명은 치열하게 시민운동을 한 덕분에 여러 사건 사고에 휘말렸다. 구속도 되고 전과자도 되었다. 인터넷에서 '이재명 사건 사고'로 검색하면 자세히 나오니 참고하면 된다.

자신과 관련된 여러 사건 사고와 관련하여 이재명은 자신의 페이스북에 다음과 같은 해명 자료를 올렸다.

〈부끄럽지 않은 내 전과를 공개합니다...악의적 왜곡 음해는 이제 그만〉

악성언론과 새누리당 지지자들 일베충들을 중심으로 '이재명은 전과3범'이라며 왜곡 조작을 동한 음해가 계속되고 있습니다.

이미 2014 지방선거 공보물에 공개된 내용이지만 오해를 없애기 위해 세부내용을 알립니다.

1) 검사사칭 방조 누명

성남참여연대(당시 성남시민모임) 대표로 2002년경 파크뷰 특혜분양사건 관련해 kbs PD가 변호사 사무실로 와 나를 인터뷰하던 중, 당시 성남시장으로부터 휴대폰으로 리콜전화가 오자PD가

'담당검사다 도와줄테니 사실대로 말하라'고 유인해 녹음한 후 추적60분에 보도했고, 며칠 후 내가 PD로부터 녹음파일을 제공받아 기자회견으로 공개했습니다.

당황한 시장이 나를 배후로 지목해 고소하자, 검찰은 내 인터뷰와 검사사칭전화를 묶어 '이재명이 PD에게 검사이름과 질문사항을 알려주며 검사사칭 전화를 도왔다'(검사사칭전화 방조)고 누명을 씌웠습니다.

당시 한나라당 황우여 등 국회의원 약 10명이 구치소로 위로 접견을 오고, 보수언론들이 '이재명 구속 지나치다'는 사설을 쓰는 등 정치탄압 조작사건이라더니 이제는 악성 보수언론과 새누리당이 이를 비난하니 인생무상입니다.

2) 특수공무집행방해

2004년경 시민들이 시립의료원 설립조례를 발의했는데, 새누리당 시의원들이 47초 만에 폐기하자 의회를 점거해 항의했습니다. 당시 내가 설립운동대표였기 때문에 공동책임을 졌습니다. 이 일로 공공의료를 위해 정치에 투신하고 10년만인 2013년 시립의료원을 착공했으니 나쁜 일만도 아니었습니다.

3) 선거법위반

2010년 선거 당시 '지하철에 연결된 지하 횡단보도에서 명함을 배포했다'는 이유로 표적수사를 당해 벌금 50만원을 받았습니다.

역사 내는 물론 심지어 지하철안에서 명함을 배포한 새누리당 후보들은 경고 또는 불문에 붙이면서 야당인 나의 경미한 명함배포 사건만 끝까지 기소했습니다.

4) 음주운전

이 부분은 변명여지 없는 잘못임을 인정합니다.

다만 굳이 밝히자면 2005년경 이대엽시장의 농협부정대출사건을 보도한 권모 기자가 명예훼손으로 고소당한 사건을 무료변론 중 시장의 측근을 만나 증언을 수집하는 과정에서 벌어진 일입니다. 대가는 혹독했지만 그 일로 대출부정을 밝혀내 기자는 무죄선고를 받았습니다.

나의 흑역사는 이상과 같습니다.
지금도 나에 대한 먼지털이 표적감사 수사는 계속되고 있습니다.
나는 '광주사태' 피해자들을 '폭도'로 비난하던 소년 공돌이 시절을 넘어 대학입학 후 광주항쟁의 진실을 접하며 우리 사회의 부정의에 분노했고, 이후 저들의 법과 상식을 벗어난 폭력에 맞서 치열하게 싸워왔습니다.

민주주의를 위해 경찰과 투석전을 벌였고(집시법위반), 사법정의를 위한 사법연수생 집단성명을 주도했으며(공무원법위반), 인권변호사로서 시국사범 양심수들을 도왔고(범인은닉도피), 금서인 역사 철학 경제 서적을 탐독했습니다(국가보안법위반).

시민운동가로서 파크뷰특혜분양 사건을 파헤치고 취재를 돕다 '검사사칭 방조' 누명을 썼고, 의회날치기에 항의하다 공무집행방해죄를 뒤집어썼으며, 농협부정대출사건 조사과정에서 음주운전 실책을 저질렀고, 선거법위반 표적수사로 벌금 50만원을 받았습니다.

나는 공정한 사회를 위해 지위를 내던지며 치열하게 싸웠고, 선택의 여지없는 부정과 싸우면서 법을 어긴 적도 있으나, 사적 이익을 위해 위법을 감행한 적은 없습니다.

정당한 비판은 감수하지만, 검사사칭전화로 부정이익을 취했다든지, 폭력을 행사했다든지 음주사고를 냈다는 등 악의적 왜곡 허위사실 유포는 엄중책임을 물을 것입니다.
공정한 복지사회, 기회 공평한 희망사회를 위해 끊임없이 노력할 겁니다.

감사합니다.
(인용 끝)

이재명의 '범상치 않은' 이러한 전과들은 대통령 후보로 활동이 진행되면 반대진영과 미디어로부터 계속해서 공격을 받을 것이다.

공격을 어떻게 대처하고 유권자를 어떻게 설득한 것인가는 이재명의 능력에 달려있다.

이재명의 성격은 직선적이다. 스스로 타고난 반골기질이 있다고 고백한다.

장벽이 생기면 뛰어넘고 돌파하려 한다. 위축당하는 것을 싫어하고 공격을 받으면 더 세게 나가는 성격이다.

인권 변호사 활동을 하면서 불의에 분노하고 치열하게 싸우면서 성격이 더욱 강해졌을 것이다.

대학시절 이재명은 자기감정을 표현하는 게 자연스럽지 못하고 상대방과의 감정교류에 약했다고 한다.

초등학교를 졸업하자마자 공장 일을 하다 장애인이 되고 죽기 살기로 공부해서 장학생으로 대학을 들어가서 사법고시를 공부햇다. 힘들고 삭막한 삶이었다.

이재명 스스로 자신은 성장기에는 극히 내성적인 소년이자 청년이었다고 한다.

어렸을 때 이재명은 장난기가 많아 남을 놀려먹기를 좋아했다고 한다. 지금도 농담을 잘하고 유머감각과 위트가 뛰어나다.

추측컨대 이재명은 연애와 결혼을 하면서 성격이 많이 부드러워지지 않았을까 싶다. 이재명시장이 부인과 어떻게 연애를 했을까 상상해보면 슬며시 미소가 지어진다.

피아노를 전공한 감수성이 뛰어난 좋은 아내를 만나 정서적으로 안정이 되었을 거란 생각이 든다.

그리고 여러 번 선거를 치루면서 급하고 강한 성격은 유권자로부터 표를 얻기 위해 애쓰다 보니 교감능력도 높아지면서 한결 부드러워졌을 것이다.

좋은 아내가 있는 가정을 꾸리면서 변호사와 시장이란 사회적 성과도 거두면서 이재명은 오십을 넘으면서 한결 온화하고 부드러워지면서 느긋해진 것 같다.

이재명은 중국의 정섭이라는 시인의 작품인 죽석(竹石) 이란 한시를 좋아한다.

" 청산을 꽉 물고 놓지 않더니
 쪼개진 바위 틈새로 뿌리를 뻗었다.
 천만번 비바람에도 강인하게 버티며,
 동서남북 어느 바람에나 맞선다."

척박한 환경 속에서도 강인하게 버티며 바람에 맞서는 이재명의 인생을 잘 표현하는 작품이다.

이재명은 관심을 갖고 계속 지켜볼만한 정치인이다.